J.E. Flade, Araber - Züchten-Aufziehen-Halten

Nova Hippologica

Herausgegeben von

Dr. Dr. Johannes E. Flade,
Dr. Reiner Klimke,
Wolf Kröber

1999
Olms Presse
Hildesheim · Zürich · New York

Johannes Erich Flade

ARABER
Züchten-Aufziehen-Halten

Eine Züchterfibel

1999
Olms Presse
Hildesheim · Zürich · New York

Abbildung auf der Vorderseite:
Asil Araberstute NAFTETA (Kaisoon - Moneera, Z.: Thierer) mit Hengstfohlen
HAMASA NABIH v. Farag (Morafic - Bint Kateefa, Z. u. B.: Olms)
Foto: H. Reinhard

Die Deutsche Bibliothek - CIP-Einheitsaufnahme

Flade, Johannes Erich:
Araber, Züchten – Aufziehen – Halten:
eine Züchterfibel / Johannes Erich Flade. -
Hildesheim; Zürich; New York: Olms-Presse, 1999
(Nova hippologica)
ISBN 3-487-08394-9

∞ ISO 9706
© 1999 Georg Olms Verlag AG, Hildesheim
Alle Rechte vorbehalten
Printed in Hungary
Gedruckt auf säurefreiem und alterungsbeständigem Papier
Umschlagentwurf: Prof. Paul König, Hildesheim
ISBN 3-487-08394-9
ISSN 0948-5708

GELEITWORT

Der kenntnisreiche Autor Dr. Dr. h.c. Johannes Erich Flade hat eine Schrift verfaßt, die seit langem ein Desiderat war. Wie kaum ein anderer Hippologe verbindet er ein Höchstmaß wissenschaftlicher Kenntnisse mit jahrzehntelanger praktischer Erfahrung in der Zucht und Haltung edler Pferde. Als Verfasser bedeutender hippologischer Bücher war Dr. Flade prädestiniert, unseren Wunsch zu erfüllen: ein Fachbuch zu schreiben, das nicht nur für Züchter arabischer Pferde, sondern für alle Züchter edler Pferde von hoher Bedeutung sein wird.

Jeder, der mit Pferden umgeht, weiß, daß Probleme in Zucht und Aufzucht fast immer auf menschliche Fehler zurückgehen. Die Ausrede „Ich brauche nichts zu wissen, ich muß nur wissen, wo es steht" verfängt hier nicht.
Hier gilt: Ich brauche Wissen, damit ich weiß, wie ich in dieser oder jener Situation entscheide. Hätte ich also diese oder jene Fakten eher zur Kenntnis genommen, wären mir diese oder jene Fehler nicht unterlaufen.

Dieses Buch gibt die entsprechende Anleitung, nicht nur Probleme zu vermeiden, sondern züchterische Erfolge zu erzielen und damit Freude an der Aufzucht edler Pferde zu haben.

Der Verlag dankt Dr. Flade auch für die stets harmonische Zusammenarbeit.

W. Georg Olms   Hildesheim, August 1998

Arabischer Vollbluthengst in vollendeter Gestalt. Naheed *1984 (Madkour - Maisa). Foto: U. Kern-Goßmann, 1991

INHALT

VORWORT

> *„Sieh' Dein Pferd!*
> *Laß' es den Tresor Deiner Liebe,*
> *den Hort Deiner Sorgfalt,*
> *den Thron Deiner Freude,*
> *aber niemals Deiner Eitelkeit*
> *oder den Sessel Deiner*
> *Bequemlichkeit sein. "*

Dieser arabische Aphorismus war die Grundlage für den Wunsch des Verlegers, der zunehmenden Zahl an Haltern und Züchtern von Pferden verschiedener arabischer Rassen eine Hilfe für die Haltung, Fütterung und Züchtung in Form der vorliegenden kurzen Anleitung zur Verfügung zu stellen. Das ist auch dank der guten Zusammenarbeit mit dem Georg Olms Verlag gern geschehen und hat dem Autor viel Freude gemacht.

Bei der vorliegenden Schrift geht es nicht um den Ersatz eines Lehrbuches und schon keinesfalls einer gediegenen Berufsausbildung, sondern um Informationen zu den wichtigsten biologischen Grundlagen, die der artgerechte Umgang besonders mit einem hochgezüchteten Pferd erfordert. Gleichzeitig soll die Schrift dazu anregen, sich gründlich mit den vielseitigen und hohen Ansprüchen zu beschäftigen, die von jeher eine erfolgreiche Pferdehaltung auf diejenigen Menschen beschränkt hat, die diese verstanden hatten und in ihrer täglichen Arbeit berücksichtigten.

In unserer heutigen Welt bedeutet der Niedergang der traditionellen landwirtschaftlichen Basis für die Pferdehaltung auch den Verlust des überlieferten Verständnisses für das Pferd. Das Pferd aber bildete über Jahrtausende eine bedeutende Grundlage für die Entwicklung und das Überleben der menschlichen Zivilisation.

Vor diesem Hintergrund soll die vorliegende Züchterfibel der Versuch sein, eine Lücke zu schließen.

Johannes Erich Flade   Fliemstorf, Neujahr 1998

Herrn Dr. h. c. mult. W. Georg Olms
zum 70. Geburtstag gewidmet

1. DAS ARABISCHE PFERD

1.1 Mensch und Pferd

In Mittel- und Westeuropa sind heute die Beziehungen zwischen Mensch und Pferd grundsätzlich von denen in früheren Zeiten zu unterscheiden. Sie werden nach dessen weitgehenden Ausscheiden aus dem Militär- und Transportwesen, vor allem aus der Landwirtschaft, nicht mehr von ökonomischen, militärischen oder technischen Gesichtspunkten bestimmt. In unserer Zeit sind die Liebe zum Pferd und die Freude an der Beschäftigung oder am Sport mit ihm die Hauptgründe für die vermehrte Zuwendung zu diesem seit mehr als sechstausend Jahren eng mit uns verbundenen Haustier. Die in den letzten Jahrzehnten erfolgte Entfremdung des Menschen von der Natur durch zunehmende Verstädterung, überwiegend technische und „Schreibtischberufe", durch meist abstrakte Ausbildung im Sinne von Massenproduktion und -verbrauch sowie die aktuelle Gefährdung der Natur begründen die wieder erwachte Sehnsucht des Einzelnen nach dem Lebendigen. Für Jugendliche kommen nicht ausreichende heimische Geborgenheit und die frühe innere Lösung von der elterlichen Familie, die allgemeine Unsicherheit sowie der Mangel an ethisch erstrebenswerten und erreichbaren Zielen erschwerend hinzu. Damit beginnt ihre Suche nach Ersatz für die fehlende Nestwärme. Sie hat zur Folge, daß sich junge Menschen, vor allem die Mädchen, zum Tier hingezogen fühlen, um die enttäuschenden oder verlorenen Beziehungen auszugleichen, den Isolierungsstreß abzubauen und ihre Individualität zu stabilisieren. Für sie, aber auch für den streßgeplagten Erwachsenen, wird das Pferd zu einem besonders verläßlichen Partner: Seine Zurückhaltung, moralische Anspruchslosigkeit, fühlbare Zuneigung und Sensibilität erlauben und ermuntern zum Äußern und Anvertrauen aller Gefühle; seine Körperwärme, sein weiches Fell, der typische Körpergeruch, seine Empfänglichkeit für Liebkosungen und nicht zuletzt die stark ausgeprägten biologischen Lebensäußerungen fördern diese Bindungen entscheidend. Hinzu kommen zum Beispiel auch die intime Atmosphäre des Stalles mit seinen Bewohnern oder die Schönheit und Anmut des Pferdes im Freien. Sein hoher Pflegebedarf zwingt darüber hinaus zu einer umfangreichen individuellen Fürsorge, die sich im Ergebnis positiv auf die Festigung der Beziehungen zwischen ihm und dem Menschen sowie auf dessen Persönlichkeit selbst auswirkt. Gemeinsame Erlebnisse tun dazu noch ein übriges.

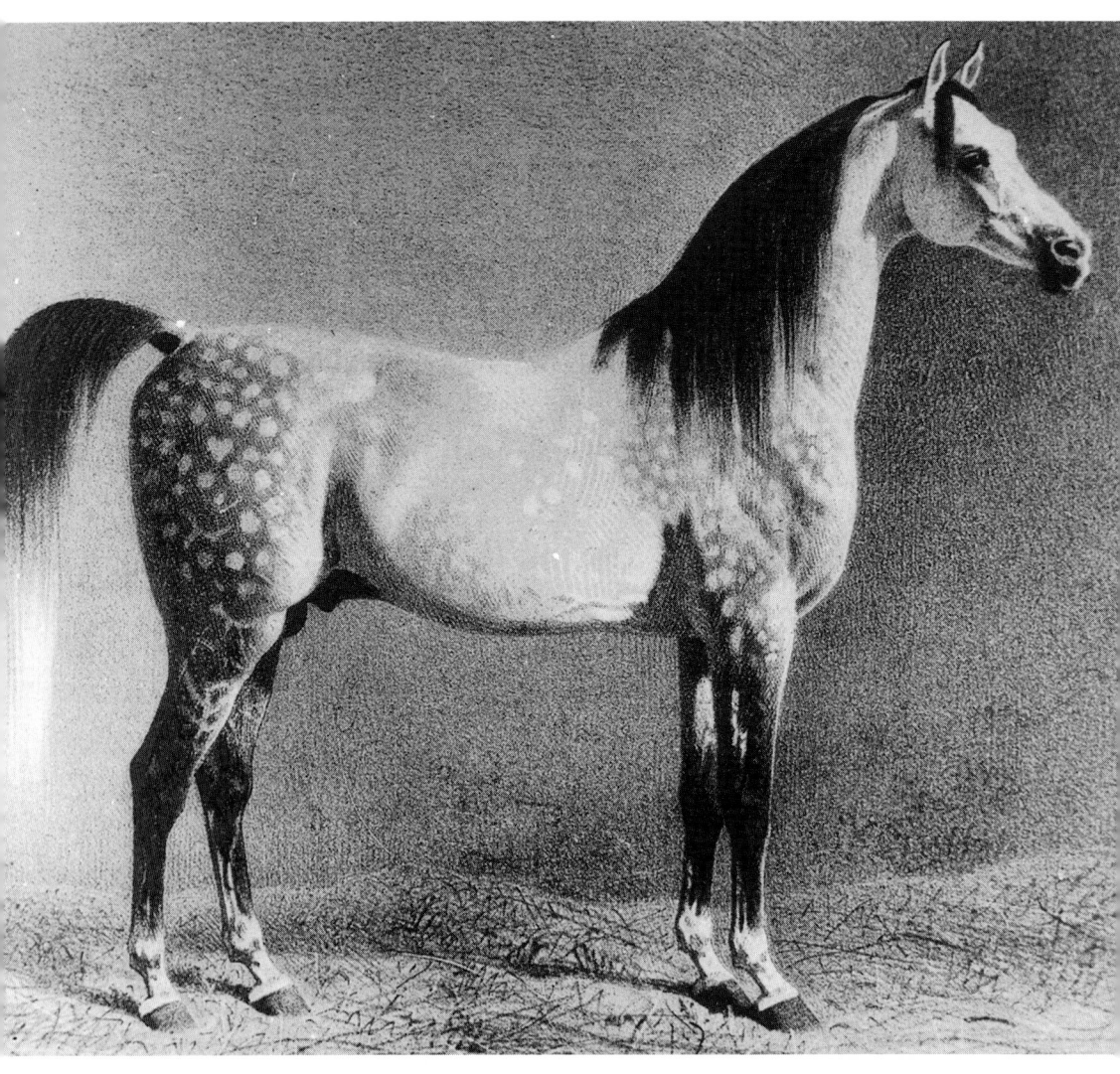

Viele Pferdebilder entsprechen nicht der Wirklichkeit, aber einige bedeutende Künstler widmeten sich realistischen Darstellungen des Vollblutarabers. Emil Volkers (1831 – 1905)

Heute treten zahlreiche Menschen in den Lebenskreis des Pferdes, die weder von Kind an in ihn hinein gewachsen sind noch über anderweitig erworbene Erfahrungen, Kenntnisse und Fertigkeiten verfügen, um mit Pferden fachlich richtig und damit auch tierschutzgerecht umzugehen. Diese Tatsache setzt dafür wenigstens Grundwissen voraus. Wichtig ist dabei vor allem das Wissen um die biologischen Bedürfnisse des Pferdes sowie seine typischen Lebens- und Verhaltensweisen; für seine Gesunderhaltung, seine Nutzung in Touristik und Sport sowie für die risikoarme Gestaltung der Beziehungen zu ihm ist dies unerläßlich. Die vorliegende Schrift soll dazu einige Anleitungen geben, kann aber keinesfalls die einschlägigen Lehrbücher oder das Wissen und die Erfahrungen der Fachleute ersetzen.

Unter den zur Kategorie der Freizeitpferde zählenden Rassen, die den Menschen besonders mit ihrer Zuneigung verwöhnen und durch ihre faszinierende Schönheit bestechen, gehören verschiedene vom Araber beeinflußte Rassen sowie die Shagya- und Vollblutaraber.

1.2 Gestalt und Wesen des arabischen Pferdes

Das äußere Bild und die inneren Werte des arabischen Pferdes sind ein biologisches Meisterwerk, das nomadisierende arabische Stämme der Menschheit als einzigartiges Kulturgut geschenkt haben. Der Vollblutaraber ist zweifellos eine Krönung der Haustierart „Pferd", die sich nur aus den engen Beziehungen zwischen Mensch und Tier im Nomadentum ergeben konnte. Die natürliche Anmut und Grazie einer Araberstute, der kraftvolle, energische Ausdruck des Araberhengstes haben von alters her die Menschen bezaubert und ihr besonderes Interesse gerade an dieser Rasse geweckt. Allgemein bekannt und vielfach beschrieben sind das gutartige Temperament und der liebenswürdige Charakter des Vollblutarabers, die besonders in seiner Zuneigung zum Menschen zum Ausdruck kommen, gepaart mit großem Lernvermögen sowie hoher Leistungsbereitschaft. Wir wissen, daß das Arabische Vollblutpferd in seiner heutigen Gestalt und mit seinen Eigenschaften das Ergebnis einer fast 1400jährigen spezifischen Selektion ist. Sie erfolgte, wie auch schon bei seinen Ursprungsrassen, durch die charakteristische klimatische Umwelt und durch den Menschen, zu dessen unmittelbaren Lebensbereich es noch bis zur Mitte unseres Jahrhunderts als ständiges Gebrauchspferd gehörte.

Da die Haltung von Pferden unter den natürlichen Bedingungen Arabiens und seiner Randgebiete auf große Schwierigkeiten stößt, vor allem infolge des täglichen Wasserbedarfs, waren dort die teure Pferdezucht und -haltung bis heute immer nur auf einen kleinen Kreis meist vermögender Beduinen begrenzt. Bei allen nomadisierenden arabischen Stämmen wurden und werden, im Gegensatz

Stutenherde in Saudi-Arabien. Gestüt HRH Prince Turky F. M. A. Al Saud
Foto: W. G. Olms 1996

zu den Nomadenviehzüchtern Mittel- und Zentralasiens, weder Milch noch Fleisch des Pferdes zu Nahrungszwecken verwendet. Pferde wurden von jeher hier lediglich als Reittiere für die Jagd sowie für Raub- oder Kriegszüge genutzt und waren wenig verbreitet. Selbst in historisch so bedeutenden Schlachten wie der von Bekr (634, zwei Jahre nach dem Tode von *MOHAMMED*) brachte Mekka neben 700 Kamelen nur 100 Pferde zum Einsatz. Der Kalif *OMAR II.* (682/83 bis 720) hielt auf den für die Remontierung der Armee vorgesehenen Weideflächen zwar 30 000 Kamele, aber nur 300 Pferde. Der geringe Bestand an Pferden auf der Arabischen Halbinsel zu Zeiten des Propheten *MOHAMMED* (um 570 bis 632) war also keine Grundlage für den Aufbau schlagkräftiger Reiterheere. Erst die Eroberung des pferdereichen Persien von den auf Kamelen kämpfenden Arabern Mitte des siebten Jahrhunderts schuf die Voraussetzung für ihr Auftreten in großen pferdeberittenen militärischen Einheiten und damit für ihren Siegeszug unter der grünen Fahne des Propheten. Die um 1500 v. Chr. aus der turkestanischen Ebene nach Süden vordringenden Meder und Perser brachten Pferde ihres Herkunftsgebietes Turkestan samt der damit verbundenen Kenntnisse über Persien (Iran) bis nach Mesopotamien (Irak), wie unter anderem die Ausgrabungen von Anau bewiesen haben; sie wurden später als „iranische Bergpferde" bezeichnet. Die genannten Völker besiedelten das Gebiet Irans und ihre Pferde waren auch die entscheidende Grundlage des späteren Vollblutarabers. Es muß jedoch berücksichtigt werden, daß bei seiner Herausbildung auch noch Einflüsse anderer Pferderassen, so aus anderen Teilen Mittelasiens und dem Vorderen Orient, vorhanden waren, die sich schon allein aus den bestehenden Handelsbeziehungen ergaben. Eine Domestikation von Pferden auf der Arabischen Halbinsel durch die dort lebenden Völker scheiterte daran, daß bereits vom 11. Jahrtausend v. Chr. an die Klimabedingungen für die dort lebenden Sammler und Jäger nach dem Wegfall der Regenzeiten immer schlechter wurden. Anfang des zweiten Jahrtausends v. Chr. wanderten semitische Stämme von Nordosten her dort ein. Die Bezeichnung „Araber" ist erstmalig vom Monolith des Assyrerkönigs *ŠALMANASSAR III.* (859 bis 824 v. Chr.) überliefert und bezeichnete nur die Nordaraber; das semitische „arab" bedeutete „Steppen- oder Wüstenbewohner" (wie auch: badw = Beduine), was einem deutlichen Hinweis auf die herrschenden Verhältnisse entspricht. Selbst in den klimatisch begünstigten südarabischen Stadtstaaten des fünften Jahrhunderts v. Chr. und in den schrumpfenden innerarabischen Oasengebieten ließ sich die menschliche Existenz und die der Haussäugetiere allmählich nur noch durch künstliche Bewässerung sichern.

Neben diesen hier nur kurz genannten historischen Vorgängen haben vor allem die extremen natürlichen Verhältnisse, die meist nur kümmerliche Ernährung bei spontanen hohen Leistungsanforderungen, aber auch die enge Bindung an den Menschen, seine Wohnstätte und seinen sonstigen Lebensbereich den Typ des Vollblutarabers geformt. Die Pferde blieben meist in der Nähe der Zelte. Die Stute mit Fohlen, auch das junge, abgesetzte Fohlen, suchten besonders die Nähe des Menschen. Sie wurden so zu „Familienangehörigen", mit denen die Beduinen Zeltnähe und Zelt teilten. Die angeborene soziale Verhaltensweise, der triebartige Drang nach Zusammenhalt auch mit artfremden Lebewesen, denen das Pferd unterliegt, spielten hierbei eine dominierende Rolle und ermöglichten diesen hautnahen Kontakt mit allen seinen positiven Folgen. Allerdings kann das Pferd den Menschen nur in seinen Lebenskreis einbeziehen, wenn sich dieser

Das besonders ausgeprägte Gleichgewichtsverhalten des Arabers zeigt sich vor allem im Galopp. Hamasa Nabih *1988 (Farag - Nafteta.)
Foto: H. Reinhard 1982

entsprechend verhält - und das ist eben besonders für den Nomaden durch den jahrtausendelangen Umgang mit dem Pferd von Kindesbeinen an kennzeichnend. Die anspruchsvolle Individualität des Vollblutarabers hat hierin ihren Ursprung. Sie ist unter anderem gekennzeichnet durch Sanftmut, Fähigkeit zur Toleranz, Zugänglichkeit und Gehorsam gegenüber ihm bekannten Menschen, Unerschrockenheit, Mut und Reaktionsschnelligkeit. Solche Eigenschaften werden sicher vererbt, auch bei Paarung des Vollblutarabers an andere Pferderassen. Besonders diese für den unmittelbaren Gebrauch wie auch für die moderne Sportpferdezucht so wertvollen und geschätzten Verhaltensweisen und Kennzeichen haben sich im engen Zusammenleben und intensiven Umgang des Beduinen mit seinem Pferd herausgebildet. Er betrachtete und behandelte es als Hausgenossen, der das meist schwere Los der Familie mit ihr teilt und dessen oft erbärmlicher Zustand seine wahren Werte nicht erkennen läßt, ganz zu schweigen von seiner faszinierenden Schönheit, die ja erst unter angemessenen Haltungsverhältnissen in ihrem ganzen Umfang sichtbar wird.

Vom arabischen Einfluß geprägte Pferde haben eine hervorragende Springtechnik, auch
wenn dieser junge Hengst die „Ökonomie" erst unter dem Reiter noch lernen muß.
Anglo-Araber-Hengst Farouche Le Premier *1993
Foto: Bildreport Wagner 1997

Hinzu kommt, daß durch die weit über ein Jahrtausend lang erfolgte Auslese
(ohne Berücksichtigung seiner Vorläuferrassen) auf Reiteignung beim Arabischen Vollblüter eine weitgehende Konsolidierung des Extericurs eingetreten ist.
Sie ist gekennzeichnet unter anderem durch mittleren Größenwuchs, in der Regel
Quadratformat, perfektes Gleichgewichtsverhalten, das leise und elastische Aufsetzen der Füße, also die natürliche Kadenz, besonders ausgewogenen Bewegungsablauf im Galopp, große Ausdauer unter schlechten Bedingungen, ausge-
zeichnete Qualität von Gelenken und Hufen. Auch diese Merkmale werden
durchschlagend vererbt, so natürlich auch die, gemessen am modernen Warm
blutpferd, geringere Körpergröße.
Zugleich hat die äußere Umwelt dazu beigetragen, daß das Arabische Vollblutpferd in geradezu idealer und vollkommener Weise den biologischen Möglich-

keiten der Haustierart „Pferd" Rechnung trägt. Hierzu gehören zum Beispiel Anspruchslosigkeit an die Haltung, große Fruchtbarkeit, Langlebigkeit und stabile Konstitution, wobei der relativ späte Wachstumsabschluß mit etwa fünf bis sieben Jahren zu berücksichtigen ist. Des weiteren sind die maximalen Leistungen der Sinnesorgane zu nennen, welche die allgemein große Sensibilität des Vollblutarabers ausmachen. So sind beispielsweise große Sehstärke in der Dämmerung, Erfassen eines großen Blickfeldes durch die rassespezifische Anordnung der Augen im Schädel, Witterungsfähigkeit für entfernte oder verdeckte Wasserstellen, zuverlässige Erinnerung an Einzelpersonen oder die Differenzierung zahlreicher Verhaltensweisen des Menschen zu nennen. Ebenso kann man das besonders ausgeprägte Heimfindevermögen und optisch-motorische Gedächtnis erwähnen, weiterhin das vorsichtige Verhalten bei unsicheren Bodenverhältnissen sowie auch die Empfindung für nahende Unwetter, gekoppelt mit geeigneten Maßnahmen für die eigene Sicherheit, wie beispielsweise Flucht und Hinwerfen.

Für den Beduinen unserer Zeit spielt das Pferd kaum noch eine praktische Rolle. Die ehemalige Zucht der Nomaden ist in Gestüten Vorderasiens, der Golfanliegerstaaten und Ägyptens konzentriert, seit dem zehnten Jahrhundert auch in Europa und später in anderen Erdteilen. Das Arabische Vollblutpferd ist dabei von überragender Bedeutung für die Vergangenheit und Gegenwart der Pferdezucht, vor allem der Herausbildung des englischen Vollblutes und damit der modernen Warmblutzucht. Passion und Interesse sowie die finanziellen Möglichkeiten zahlreicher Züchter haben in den letzten Jahren zu einer beträchtlichen Erhöhung des Bestandes an Vollblutarabern außerhalb des Originalzuchtgebietes geführt, der heute mit etwa 600 000 Tieren angegeben wird, während die Arabische Halbinsel einschließlich ihrer Randgebiete nur noch um 2 000 Vollblutaraber nachweisen kann, für welche die Bezeichnung „asil" zutrifft. Dieses Wort ist für die arabischen Beduinen ein Begriff, der etwa „von demselben edlen Stamm gezogen" bedeutet. Es wurde wahrscheinlich ursprünglich zur Bezeichnung einer Dattelpalme, die vom mütterlichen Stamm als Absenker genommen wurde, angewandt. In der Reinzucht arabischer Pferde wird ebenfalls der Ausdruck „ein asilgeborenes Fohlen" verwendet (*RASWAN/ GUTTMANN* (4)). Noch 1876 beschreibt v. *HUTTEN-CSAPSKI* (in *FLADE* (5 und 7)) drei „Formulare genealogischer Zeugnisse", von denen hier eines wiedergegeben werden soll, weil sein Inhalt umfangreiche Rückschlüsse auf die Auffassung der arabischen Pferde-

Optimales Gleichgewicht unter dem Sattel ist eine besondere Eigenschaft des arabischen Pferdes, hier in der Schweiz. Mussallah *1989/Ettiswil, unter Fr. Scheuber/Rothenburg. Foto: Chr. Marbach 1997

züchter zur Abstammung, Aufzucht und engen Verbindung zu ihrem Pferd zuläßt: „Im Namen des barmherzigen Gottes, unseres Herrn Mohammeds des göttlichen Propheten, und seiner Anhänger - Gelobt sei Gott allmächtige Schöpfer! Dieses Pferd ist reiner Rasse, sein Fohlenzahn in einem Beutelchen um den Hals gehangen, welches zugleich seiner Abstammung unfehlbares Zeugnis enthält, dem jeder Gläubige trauen darf....".

Zahlreiche Verbände und Organisationen, an ihrer Spitze die „World Arabian Horse Organization" (= WAHO), widmen sich dem Araberpferd, diesem Denkmal des Nomadentums, das heute zu den Schätzen der Weltkultur gehört und dessen Pflege und Förderung deshalb ein internationales Anliegen ist. Solche Einrichtungen wie der internationale „Asil Club" mit seiner Geschäftsstelle in Deutschland oder „Al Khamsa Inc." und „Pyramid Society" (in den USA bzw. in Deutschland) haben sich die darüber hinausgehende Aufgabe gestellt, die Einmaligkeit des originalen Araberpferdes zu bewahren. Der „Asil Club" setzt sich insbesondere für die Anwendung der altbewährten Zuchtmethoden der Beduinen ein und möchte durch die unverfälschte Blutführung die herausragenden Qualitäten des originalen Arabers bewahren und fördern. Dadurch ist auch die in der

Pferdezucht allgemein übliche völkerverbindende Zusammenarbeit, in diesem Falle mit den arabischen Staaten, besonders eng und zugleich für alle Beteiligten ein humanitäres Anliegen.

Mit einigen Stichworten sollen Exterieur und Interieur des Vollblutarabers pauschal kurz skizziert werden: Er ist mit einer Widerristhöhe von etwa 147 bis 155 cm knapp mittelgroß und liegt damit etwa 15 bis 20 cm unter dem Maß eines Sportpferdes unserer Warmblutrassen. Die Tiere sind durch kurze Körperlinien gekennzeichnet, die Rumpflänge entspricht der Widerristhöhe oder ist kürzer; statt der bei anderen Rassen üblichen acht bis neun Rippenpaare sind beim Vollblutaraber oft nur sieben, statt der sechs Lendenwirbel meist fünf und in der Regel nur sechzehn Schweifwirbel anstelle von achtzehn vorhanden. Charakteristisch ist unter anderem der relativ kleine, im Maulteil kurze und hechtartig verjüngte, im Stirnteil breite Kopf mit breit und weiter unten sitzenden großen Augen und besonders ausgeprägten Merkmalen in der Nüsternpartie. Die Ganaschen sind groß und liegen weit auseinander. Der Kopf ist ein Hauptkriterium für den Rasse- und Geschlechtstyp. Besonders kennzeichnend sind weiterhin die seidigen Mähnen- und Schweifhaare sowie die dünne, enganliegende und vollpigmentierte blauschwarze Haut, die jede Ader sichtbar macht. Die Hufe sind klein und hart, die Bewegungen in allen drei Grundgangarten ungebunden und in einwandfreier Fußfolge. Unter anderen haben *SAENGER* (23) und *UPTON* (26) dazu eingehende Ausführungen gemacht, deren Studium unseren Lesern besonders empfohlen wird.

Die physiologischen Besonderheiten, um derentwillen der Vollblutaraber besonders geschätzt wird, liegen in seinen hervorragenden konstitutionellen Eigenschaften, wie guter Futterverwertung, Anspruchslosigkeit und Genügsamkeit, raschem Regenerationsvermögen nach großen Strapazen, hoher und sicherer Fruchtbarkeit, großer Ausdauer und langer Zucht- und Nutzungsdauer. Im Verhältnis zu anderen Pferderassen ist er spätreif, aber zugleich auch sehr langlebig. Seine schon erwähnten speziellen Verhaltensweisen vervollständigen das Bild dieser attraktiven, liebenswerten und dem Menschen so vertrauenden Pferde, die aufgrund ihrer großen Sensibilität aber auch unseres besonderen Verständnisses und unserer Fürsorge bedürfen.

Alle durch den Vollblutaraber beeinflußte Pferderassen haben dessen Merkmale und Eigenschaften in mehr oder weniger großem Maße übernommen. Das gilt zum Beispiel für die zu den „Arabern" gehörenden Populationen wie den

Hengst beim Training im winterlichen Bayerischen Wald. Monsun *1990 Ostenfelde, unter I. Lisse/Thurmansbang
Foto: M. Lisse 1995

Shagya-Araber, für den Anglo-Araber oder den Halbblut-Araber; sie sind als selbständige Rassen anerkannt und werden durch einschlägige nationale Verbände oder internationale Institutionen, beispielsweise die Internationale Shagya-Araber-Gesellschaft (ISG), züchterisch betreut.

Die Problematik der heutigen Verwendung des Vollblutarabers *außerhalb* der Reinzucht liegt grundsätzlich in der Beherrschung des Widerspruchs zwischen seiner nur mittleren Körpergröße einerseits und seinen vorzüglichen anderen Merkmalen und Eigenschaften andererseits. *Innerhalb* der Reinzucht gilt es vor allem, die fehlenden Möglichkeiten der harten Selektion durch Klima sowie ungünstige Haltungsverhältnisse bei zugleich unvorbereitet geforderten Maximalleistungen im Originalzuchtgebiet auszugleichen. Das geschieht bei uns durch Dauerleistungs- und Rennprüfungen sowie andere reiterliche Forderungen. Da diese Maßnahmen nur Teile der Selektion im Herkunftsgebiet ersetzen können, bleiben die Beurteilung des Einzeltieres, vor allem hinsichtlich des Typs, sowie der Nachweis seiner Abstammung von entscheidender Bedeutung für die Weiterführung der Zucht. Dem dienen Schauen, Körungen und andere Formen der Zuchtanerkennung sowie eine sorgfältige Zuchtbuchführung. Dabei wird zusätzlich auch dem Rückgriff auf die Familien und Blutlinien aus dem Originalzuchtgebiet große Bedeutung beigemessen, deren Bewahrung schon allein aus diesem Grunde ein hoher Rang zukommt. Insgesamt gilt bei allen Bemühungen um Erhalt und Fortschritt der Zucht, daß nur konsequente Selektion, die bekanntlich großen Sachverstand und oft auch viel Geld erfordert, zu diesem Ziel führen kann.

Aufgabe der nachfolgenden Bemerkungen soll es sein, die wichtigsten Grundlagen für die Betreuung arabischer Pferde den vielen Züchtern zu erklären und zu vermitteln. Hierbei wird keinerlei Anspruch auf Vollständigkeit erhoben. Natürlich ergeben sich zahlreiche Parallelen zu anderen Pferderassen.

Fast ausnahmslos alle Schwierigkeiten und Schäden, die sich bei der Haltung und Nutzung von Pferden ergeben, sind auf fehlerhafte Handlungen des Menschen zurückzuführen. Je höher die Rassen gezüchtet sind, desto größer wird der Anspruch des Einzeltieres an den menschlichen Partner. Dessen detaillierte Sachkunde ist deshalb gerade bei Vollblütern und ihnen nahestehenden Edelpferden von fundamentaler Bedeutung.

1. 3 Wozu halte ich ein arabisches Pferd

Das Araberpferd ist aufgrund seiner seit Menschengedenken anhaltenden Auslese auf Reiteignung, die vielfach schon von den Züchtern seiner Vorläuferrassen erfolgt ist, das geborene Reitpferd. Seine äußeren Merkmale und ebenso seine inneren Eigenschaften sind absolut auf diese Nutzungsart eingestellt, die etwa zum Ende des vierten Jahrtausends v. Chr. in Vorderasien eingesetzt hat. Hinzu kommen noch die durch Klima und Nomadentum bewirkten Einflüsse auf die Selektion, die durchaus nicht nebensächlich waren. Natürlich ist es vermessen, diese Auslese außerhalb der natürlichen Umwelt des Hochzuchtgebietes und weit weg von dem bis ins 20. Jahrhundert reichenden menschlichen und gesellschaftlichen Umfeld weiter fortzusetzen zu können. Tatsache ist aber, daß seit den bekannten Erstimporten von Araberpferden, also seit der Zeit der Kreuzzüge im 12. Jahrhundert zum Beispiel nach Europa, alle für ihre Nutzung notwendigen Voraussetzungen grundsätzlich erhalten geblieben sind. Vor allem betrifft das ihre außergewöhnlichen konstitutionellen Eigenschaften. Es gilt nicht nur für die Vollblutaraber, sondern auch für die von ihnen beeinflußten Pferderassen; fast nur um dieser züchterischen Wirksamkeit wegen wurden bis nach dem

Die eiserne Konstitution des Araberpferdes führt unter anderem zu seiner speziellen Eignung für Dauerleistungen. Auf dem Foto der dreimalige Sieger im Deutschen Championat über 90 km-Distanzfahren. Hamasa Gharbi *1982/Treis, mit H. W. Falk Foto: W. G. Olms 1990

Zweiten Weltkrieg arabische Zuchten außerhalb des Hochzuchtgebietes überhaupt betrieben.

Manche Halter von Vollblutarabern sehen in ihrem vierbeinigen Hausgenossen nur das „Familienpferd", wofür sich alles „arabische" eben auch wirklich vorzüglich eignet. Wie vor 100 Jahren noch im Zelt des Beduinen, so ist das Araberpferd durch seine dem Menschen gegenüber ausgeprägte Zuneigung dafür auch besonders geeignet. Außerdem hat es von seiner individuellen Schönheit nichts verloren und, wie früher unter den Stammesältesten, wird es deshalb als Prestigeobjekt vorgezeigt, untergebracht und behandelt. Im Interesse der Araberzucht ist es aber dringend notwendig, daß von solchen Positionen abgerückt und die praktische Nutzung des Arabers vertreten wird. Nur diejenigen Züchter wissen, was sie wirklich für Schätze in ihrem Stall haben, die das arabische Pferd ausbilden und unter dem Sattel oder vor dem Wagen einsetzen. Sein ererbtes

Gleichgewichtsverhalten, seine Ausdauer sowie Leistungsbereitschaft und -fähigkeit sind dabei nur einige Eigenschaften (siehe Abschnitt 1.2), die daraus immer wieder von neuem ein zauberhaftes Erlebnis machen, das man nicht vergißt. Es muß nicht immer eine Schau oder ein Wettkampf sein, worauf man sich einrichtet: Wir haben im Araber ein hervorragendes Freizeitpferd, das besonders im Gelände sowie auf großen Strecken (Distanzreiten) oder auch im Western-Reiten außerordentlich sicher ist und durch seine große Individualität besonders viel Freude macht. Das schließt natürlich nicht aus, daß man sein Pferd und sich auf Distanzritte oder Rennen vorbereitet und solche oft schwere Leistungsprüfungen absolviert. Erstere sind zugleich unerläßliche Selektionsparameter für den Erhalt der einzigartigen Konstitution des Arabers, weil sie über große Strecken verlaufen. In allen Fällen ist aber immer eine gediegene und sachgerechte Ausbildung des Araberpferdes die alleinige Grundlage für seine Nutzung sowie für seine Gesundheit und sein langes Leben. Falls Sie einen Araber kaufen und entsprechend nutzen wollen, lassen Sie ihn zunächst durch den Verkäufer unter dem Sattel oder vor dem Wagen vorstellen, damit Sie später keine unangenehmen Überraschungen erleben.

2. ZÜCHTUNG

Beim Pferd wird zwischen Geschlechtsreife und der eigentlichen Zucht- und Nutzreife unterschieden. Während erstere im Alter von etwa 12, beim spätreiferen Araber oft erst von 18 Monaten eintritt, kann man davon ausgehen, daß die Pferde etwa als Drei- bis Fünfjährige für Zucht und Arbeit eingesetzt werden können. Das hängt von ihrer Wachstumsgeschwindigkeit ab, die wiederum weitgehend rassebedingt ist. Bei Vertretern arabischer Rassen sollte man sich etwa bis zum fünften Lebensjahr gedulden, damit sie genügend ausgereift sind.

Der Zeitpunkt der ersten Zuchtverwendung des Hengstes oder der Stute ist so zu wählen, daß er diesen physiologischen Gegebenheiten entspricht. Aus biologischer Sicht ist es nie falsch, damit etwas länger zu warten. Bei zu früher Verwendung kann es zu nicht wieder auszugleichenden Folgeschäden kommen, die zur Verringerung der Nutzungsfähigkeit und -dauer führen, sich also letztlich auf die Lebenszeit auswirken.

Die angeborene, günstigste Paarungszeit des Pferdes entspricht der Periode der zunehmenden Tageslänge nach den Wintermonaten. Sie liegt also im Frühling und in den ersten Sommermonaten. Bei der etwa 11 Monate dauernden Trächtigkeit bedeutet das zugleich, daß auch die Fohlen annähernd in diesem Jahresabschnitt geboren werden.

Wie bei vielen anderen Säugetierarten auch, richtet sich die natürliche Paarungsperiode beim Pferd nach dem Wechsel zwischen kurzer Dunkelheit und langer Helligkeit im Verlaufe des Tages, also nicht nur nach dessen absoluter Länge. Beide Gegebenheiten gemeinsam führen jedoch zur Erhöhung der Produktion des follikelstimulierenden Hormons (= FSH) im Hypophysenvorderlappen, das wiederum die Brunst der Stute auslöst. Unter diesen Bedingungen erreichen die Stuten nicht nur die ideale Rosse, sondern haben auch die größte Aussicht auf Befruchtung. Daher kommt es auch, daß die Paarungszeit des Pferdes in dessen nördlichsten und südlichsten Verbreitungsgebieten verhältnismäßig kurz ist, in den Tropen bis etwa 20 Grad nördlicher oder südlicher Breite mit zweimaligem Sonnenhöchstand im April/Mai und Oktober/November jedoch zweimal optimal eintritt. In den Ländern zwischen etwa 50 und 60 Grad nördlicher Breite, also zum Beispiel in Mitteleuropa, sind die Monate Mai bis Juli, um 40 Grad südlicher Breite (Australien/Neuseeland) November/Dezember die „fruchtbarsten". Werden Stuten zwischen der nördlichen und südlichen Erdhälfte ausgetauscht,

Kaisoon (Nazeer - Bint Kateefa). Foto: W. G. Olms

passen sich die Brunstzeiten dem neuen Standort allmählich an, aber auch jeder kleinere Standortwechsel wirkt sich darauf aus.

Der Decktermin sollte so gelegt werden, daß sowohl die biologischen als auch die ökonomischen Aspekte des Zeitpunktes des Abfohlens berücksichtigt werden. In der Regel wird er sich aber auf die Monate zwischen Februar und Mai konzentrieren. Am besten ist es natürlich, wenn die Fohlen so geboren werden, daß sie mit der Stute zu Beginn der Weideperiode das gerade in der ersten Zeit der Vegetationsperiode besonders wertvolle, eiweiß-, mineralstoff- und vitaminreiche Grünfutter schon selbständig aufnehmen können. Unter bestimmten Umständen, wie Platzverhältnissen im Stall, Einordnung der Fohlen in bestimmte Gruppen, Nutzung der Stuten als Sport- oder Zugpferde, Bestandsverhältnissen und Arbeitskräftesituation, kann auch ein früheres Abfohlen erwünscht sein.

Eine erfolgreiche Bedeckung der Stute hängt von ihrer Rosse ab. Diese dauert zwischen fünf und zehn Tage; die Ovulation (= Follikel- oder Eisprung) erfolgt etwa ein bis zwei Tage vor ihrem Abschluß. Die Befruchtungschancen sind fünf bis zwei Tage vor dem Ende der Rosseperiode besonders günstig. Nach einer Geburt beginnt die Rosse in der Regel zwischen dem vierten und siebenten Tag, abhängig von der rasseeigentümlichen früheren oder späteren Reife; allgemein endet sie am zehnten bis fünfzehnten Tag. Der in der Praxis übliche neunte Tag für das Abprobieren oder Bedecken ist also prinzipiell richtig. Bei kurzzeitig rossenden Stuten ist er um ein bis zwei Tage vorzuverlegen.

Es ist sinnvoll, die Stute zum theoretisch als optimal ermittelten Zeitpunkt zum Hengst zu bringen, um festzustellen, ob Paarungsbereitschaft besteht. In der ersten Rosseperiode nach einer Geburt ist die Empfängnismöglichkeit meist besonders aussichtsreich. Auch der Kontakt der Stute mit einer Artgenossin oder einem Pferd aus fremdem Bestand kann die äußeren Zeichen der Rosse auslösen und damit für den Menschen sichtbar machen. Häufig haben die Saugfohlen während der Rosse ihrer Mutter infolge Veränderungen von Inhaltsstoffen der Stutenmilch durchfallartige Erscheinungen, so daß sich auch daraus Schlußfolgerungen für den Brunststatus der Stute ziehen lassen. Die Rosseperiode wiederholt sich in der Regel alle drei Wochen (21 bis 25 Tage), ist aber eindeutig von der individuellen Rossedauer abhängig, so daß sich also für jede Stute ein individueller Rhythmus ergibt. Er kann tabellarisch erfaßt werden und somit die Wahrscheinlichkeit des richtigen Bedeckungstermines erhöhen. Nimmt die Stute die Werbung des Hengstes an, kann die Bedeckung erfolgen. Das geschieht am zweiten Tag und wird am vierten oder fünften Tag wiederholt.

Durch Nachprobieren nach drei (= zweite Rosseperiode, also etwa 42. bis 50. Tag) oder sechs Wochen (= dritte Rosseperiode, also etwa 63. bis 75. Tag) wird das Bedeckungsergebnis kontrolliert. Hierbei muß aber auch mit der nur durch äußere Merkmale gekennzeichneten sogenannten „Scheinrosse" bei bestehender Trächtigkeit gerechnet werden (Vorsicht vor einem Abgang, der bei einem Nachsprung auf eine bereits tragende Stute eintreten kann!). Eine erfolgte Befruchtung kann man sich durch den Tierarzt bestätigen lassen.

Voraussetzung für eine Trächtigkeit ist die artgerechte Haltung von Stute und Hengst, vor allem guter Gesundheits- und Ernährungszustand sowie regelmäßige, ausreichende Bewegung.

2.1 Der Zuchthengst

Zur Wahl des passenden Hengstes sollte man als „Anfänger" den Rat des einschlägigen Zuchtverbandes einholen. Dort besteht die beste Kenntnis des vorhandenen Hengstbestandes, ebenso über Abstammungen und Vererbungsleistungen. Dadurch lassen sich geeignete Kombinationen ermitteln, die dann die Partnerwahl im Sinne des Zuchtfortschrittes erleichtern und eventuelle Nachteile, zum Beispiel bei zu enger Verwandtschaftszucht, ausschließen. Es ist weiterhin zu beachten, daß im Interesse der Stabilität der Zucht die Hengste nicht zu häufig gewechselt werden. Diese oft vorhandene Neigung ist mit mangelnder Geduld und Erfahrung zu erklären, aber nicht zu billigen: Ein ausgeglichener Zuchtbestand ist nur dann zu erreichen, wenn Hengste über längere Zeit dort wirksam werden können, auch dann, wenn sie - wie fast immer - nicht allen Wünschen entsprechen. Nur so sind Herauszüchtung oder Korrekturen bestimmter Merkmale und Eigenschaften langfristig erfolgreich möglich.

Eine unter den Araberzüchtern sehr häufige Tendenz ist, das selbstgezogene Hengstfohlen unbedingt später in der Zucht zu verwenden; das hat zum Beispiel in Deutschland zu einer unvertretbaren Zunahme dafür nicht geeigneter Hengste, zu einer Überschwemmung des Marktes mit „Massenware" und zu einer Schwächung des Zuchtfortschrittes der arabischen Vollblutzucht geführt. Den Mut zur Kastration muß man - leider - aufbringen, aber: Auch ein arabisches Reitpferd ist ein sehr gutes Pferd! Je eher man sich dazu entschließt, desto besser ist es grundsätzlich für alle Beteiligten; allerdings muß man wissen, daß mit zunehmenden Alter die äußeren männlichen Geschlechtsmerkmale deutlicher entwickelt werden. Man sollte die Kastration des Hengstfohlens deshalb erst dann veranlassen, wenn seine Zuchtreife erkennbar ist und es Probleme gibt, es sich also nachdrücklich für die Stuten oder Stutfohlen interessiert. Da das Araberpferd spätreif ist, passiert das etwas später als beim Warmblutpferd, ist aber individuell unterschiedlich.

Für die Hengsthaltung gelten verbindliche staatliche und verbandsinterne Festlegungen, besonders für deren Zuchtnutzung. Darüber hinaus sind Unfall- und Seuchenschutzbestimmungen zu beachten; der Hengsthalter tut sehr gut daran, sich darüber genau zu informieren und danach zu handeln. Hierzu gehören auch

Liebe sollte auch bei Pferden ein zwangloser Dauerzustand sein. Er ist es: selbst mit der tragenden Stute wird geschmust. Naheed *1984 und Maya Nabilah *1989/Laubach-Wetterfeld. Foto: U. Kern-Goßmann 1992

Praktiken, wie zum Beispiel das Führen des Hengstes, das Fesseln der Stute und das Nachbehandeln und Reinigen von Hengst und Stute.

Der Zuchthengst sollte so viel wie möglich aktiv bewegt werden, unter dem Reiter und vor dem Wagen. Falsch ist es, den Hengst nur zur Stutenbedeckung aus dem Stall zu nehmen, womöglich noch bei übermäßigen Futtergaben. Das führt zu unerwünschten und gefährlichen Verhaltensweisen, zu schlechterer Leistungs- und Befruchtungsfähigkeit sowie zu verkürzter Nutzungs- und Lebensdauer. Seine Box sollte geräumig sein, um wenigstens ein Minimum an eigenen Bewegungen zu ermöglichen. Anerkannte Hengste sind wertvolle

Zuchttiere. Ihrer Gesunderhaltung ist große Aufmerksamkeit zu schenken. Auch vor Schlag- und Bißverletzungen sind sie zu bewahren. Konsequenter, aber freundlicher, ruhiger Umgang sowie Sauberkeit und Ordnung im Stall gehören ebenfalls unbedingt zu ihrer Haltung.

Die Befruchtungsfähigkeit des Hengstes ist am sichersten, wenn Spermien normaler Qualität durch den geöffneten Muttermund direkt in die Gebärmutter der Stute ausgestoßen werden. Je Sprung gibt der Hengst etwa 30 (Shetlandpony) bis 200 cm^3 (Kaltblutpferd) Samenflüssigkeit ab, die zwischen 140 und 200 Millionen Spermien je cm^3 enthält. Güte und Menge des Spermas sind von der Haltung, Akklimatisation, Zuchtbelastung und geschlechtlicher Erregung des Hengstes abhängig, die Spermamenge außerdem noch von seinem rasseabhängigen Körpergewicht. Junge Hengste sollten im ersten Zuchtjahr, also im Alter von etwa vier Jahren, nur einmal täglich bei ein bis zwei wöchentlichen Ruhetagen decken. Ältere Hengste decken zweimal oder mehrmals täglich bei wenigstens einem Ruhetag in der Woche.

Zur Feststellung der Paarungsbereitschaft der Stute ist das Abprobieren üblich, entweder hinter einer festen Probierwand, die Partner und Personal schützt, oder auch durch das Vorbeiführen des Hengstes an den Stutenboxen; dabei wird aber häufig der Rossestatus der Stuten falsch eingeschätzt, weil sie nicht ausreichend Zeit haben, mit dem Hengst den notwendigen längeren Kontakt aufzunehmen.

Während der Paarung an der Hand sollte man, wenn möglich, die Stute leicht vorziehen (vgl. Abschnitt 5.6), um den Hengst zum kräftigen Nachstoßen zu veranlassen.

Spermien fast aller Säugetierarten, so auch des Pferdes, haben im weiblichen Geschlechtrakt nur eine sehr begrenzte Lebensdauer. Das hängt mit ihrer Temperaturempfindlichkeit und dem sich schnell erschöpfenden Energievorrat im Gesamtsperma zusammen. Beim Pferd kann nur innerhalb von etwa 40 Stunden mit genügender Vitalität der Spermien gerechnet werden, so daß lediglich in dieser Zeitspanne die Befruchtung eines reifen Eies möglich ist. So findet die möglichst genaue Beachtung der Rosse eine weitere, eingehende Begründung. Bei einer Anzahl Stuten ist zum Beispiel der Muttermund erst gegen Ende der Brunst voll erweitert, so daß nur wenige Spermien aus zuvor erfolgten Bedekkungen in die Gebärmutter gelangen können. Der Züchter muß also daran interessiert sein, daß zum optimalen Rossetermin möglichst das volle Ejakulat des Hengstes die Gebärmutter seiner Stute erreicht.

Abprobieren der Stute zur Feststellung der Paarungsbereitschaft
Foto: R. Reinhard

Bei der künstlichen Besamung ist das durch die damit verbundenen technischen Möglichkeiten stets der Fall, so daß deshalb wesentlich geringere Spermamengen und -konzentrationen genügen, um ein Befruchtungsergebnis zu erreichen; die Übertragung von frischem Sperma ist bis maximal 60 Minuten nach der Gewinnung möglich. Das Ejakulat kann in der Regel in 12 bis 25 Portionen aufgeteilt werden. Die Probleme liegen vor allem im perfekten Erkennen der günstigsten Befruchtungschance während der Rosseperiode der Stute und in der Qualität des vom Hengst bei der Samenentnahme abgegebenen Spermas. Dessen Aufbewahrung ist heute über Jahrzehnte möglich und geschieht durch Tiefgefrieren und Wiederauftauen nach bestimmten Methoden. Je nach Gewinnungstechnik, Verdünner, Lagerung, Transport und Vergabe sowie der von Hengst zu Hengst unterschiedlichen Empfindlichkeit sind die Befruchtungsraten durchschnittlich zwischen 30 und 60 % einzuordnen.

2. 2 Die Zuchtstute

Schon wegen der Marktsituation ist es sinnvoll, nur mit Stuten anerkannter Qualität zu züchten, also mit Tieren, die in einem Zuchtbuch eingetragen sind und gute Vererbungsleistungen erwarten lassen. Notwendig ist es, auf Dauer nur solche Stuten bedecken zu lassen, die regelmäßig Fohlen bringen und diese auch gesund aufziehen, beispielsweise also über eine genügend hohe und dauerhafte Milchleistung verfügen. Die Fruchtbarkeitsleistung ist bei Pferden ein besonders wichtiges Merkmal und im Zuchtziel vieler Rassen deshalb auch entsprechend verankert. Sie sollte bei der Wahl der Zuchtstute immer berücksichtigt werden, wobei sie nicht nur erblich bedingt ist, sondern auch durch äußere Bedingungen, weiterhin durch die Funktion ihrer Geschlechtsorgane beeinflußt wird. Deshalb ist anzuraten, die Stute etwa zwei Monate vor Beginn der Deckzeit vom Tierarzt untersuchen zu lassen. Das gilt besonders für Stuten, die verfohlt haben, schwer aufnehmen, äußerlich erkennbare Erkrankungen der Geburtswege zeigen oder länger als ein Jahr nicht gedeckt wurden. Der Tierarzt kann Maßnahmen zur Förderung der Rosse durchführen.

Das Geschlechterverhältnis liegt beim Pferd bei etwa 98 männlichen zu 100 weiblichen Geburten. Das individuelle Geschlecht des zu erwartenden Fohlens wird, wie bei allen Säugetieren, im Moment der Befruchtung festgelegt. Willkürliche Geschlechtsbeeinflussung ist von alters her von großem Interesse für die Haustierzüchter. An zahlreichen individuellen „Versuchen" während der Bedeckung sowie „Sagen und Märchen" in Kreisen der Pferdezüchter hat es dabei bis heute nicht gemangelt, und es entbehrt nicht einer gewissen Komik, daß zum Beispiel „die rechte Hand in der Tasche" bei der Bedeckung zur Zeugung eines Hengstfohlens führen soll.

Zahlreiche Stuten neigen dazu, unmittelbar nach der Bedeckung das Sperma wieder herauszupressen. Sie sollten deshalb sofort danach für kurze Zeit ruhig geführt werden, da sie während der Bewegung nicht pressen können.

Die Trächtigkeitsdauer der Stute kann pauschal mit 11 Monaten veranschlagt werden, schwankt jedoch beträchtlich. Es gibt eine individuelle Veranlagung für auffallend verkürzte oder verlängerte Tragzeiten. Trächtigkeiten von unter 300 Tagen führen häufig zu Totgeburten, selten zu einem lebensfähigen Fohlen (Frühgeburt). Ganz allgemein gelten folgende Tendenzen: Die Trächtigkeitsdauer ist abhängig vom Monat der Zeugung; die generelle Richtung zeigt sich in

Tagesablauf der Saugfohlen: Spielen und Saugen sind die Hauptsache; Mona I mit Hengstfohlen v. Anchor Hill Halim (Hamasa-Gestüt Treis)
Foto: W. G. Olms

einer Verlängerung vom November bis Mai/Juni und einer Verkürzung von Juli/August bis Oktober mit einer Differenz zwischen den Extremmonaten von durchschnittlich 12 bis 15 Tagen. Sie kann zwischen den einzelnen Stuten bei normalen Abfohlungen etwa von 320 bis 355 Tagen schwanken, aber auch Tragzeiten von über 365 oder unter 310 Tagen sind bekannt. Von der Früh- oder Spätreife bestimmter Rassen ist die Trächtigkeitsdauer ebenfalls abhängig: So werden zum Beispiel Kaltblutpferde deutlich kürzer als Warmblüter getragen, besonders letztere orientalischer Herkunft. Hengstfohlen werden ein bis zwei Tage länger getragen, als Stutfohlen. Auch die individuell frühere oder spätere Reife der Stute innerhalb ihrer Rasse scheint eine Rolle zu spielen.

Bei den - seltenen - Zwillingsträchtigkeiten liegt die Dauer fast ausnahmslos unter dem Durchschnitt, oft so extrem, daß die Föten nicht lebensfähig sind. Sie ist bei Pferden mit etwa einem Prozent zu veranschlagen. Die Neigung zur Vererbung dieser unerwünschten Eigenschaft ist nachgewiesen. Falls Zwillinge ausgetragen werden, sind deren Lebensaussichten infolge der stark verkürzten

Tragzeit und der damit verbundenen Unterentwicklung sehr ungünstig. Nur etwa 15 % dieser Fohlen werden älter als ein Jahr.

Während der Trächtigkeit soll die Stute zunächst die gewohnte Arbeit weiter verrichten; auch Ernährung und Haltung bleiben unverändert. Zunehmend empfindlicher wird sie aber gegenüber harten Schlageinwirkungen auf die Bauchdecke, zum Beispiel durch die Deichsel auf schlechten Wegen, Rückwärtsrichten im Gespann oder unter dem Reiter, Springen (Ausrutschen beim Absprung, Landephase), Anziehen schwerer Lasten, schnelles Antreten, weiterhin gegenüber Ausgleiten auf nassen oder vereisten Straßen, Stürzen usw. Besonders im dritten, fünften und achten Trächtigkeitsmonat wurden Verfohlungen durch solche mechanische Einwirkungen beobachtet, offensichtlich wegen des jeweiligen besonderen Embryonalstatus. All das, was auch sonst Pferden nicht bekömmlich ist, schadet der tragenden Stute besonders, also verdorbenes oder schwer verdauliches Futter, Bewegungsarmut, Erkältungen, kolikartige Erkrankungen, aber auch roher, nicht sachgemäßer Umgang.

Ab etwa der 25. Trächtigkeitswoche werden infolge der zunehmenden Größe und Masse des Embryos die Bewegungen der Stute deutlich schwerfälliger; sie wird allgemein ruhiger und zeigt vermehrten Appetit. Ab etwa der 26. Woche ist die Eigenbewegung des Embryos an der rechten unteren Flanke, etwas rechts der Nabelgegend der Stute, zu fühlen und zu sehen, besonders nach dem Aufstehen und Tränken.

In den letzten Wochen vor dem vorgesehenen Abfohltermin ist die Stute genauer zu beobachten. Sie ist rechtzeitig in einer ihrer Größe und dem Geburtsvorgang entsprechenden Boxe von etwa 16 m² unterzubringen. Diese ist gut einzustreuen, möglichst mit nicht zu langem Roggenstroh. Die Stallordnung ist sorgfältig einzuhalten: Jede Art von Beunruhigung und Abweichungen von den üblichen Arbeitsgängen sind zu vermeiden.

Vor der Geburt sind der Stute die Hufeisen vorsichtig abzunehmen, so rechtzeitig, daß sie bei dieser Maßnahme noch gut ihr Gleichgewicht halten kann. Für eventuelle Unterstützung sind vorzubereiten: Wasser, ausreichende Beleuchtung, je zwei Spann- und Geburtsseile mit Querhölzern, Möglichkeiten für Heiß- und Warmwasserbereitung, Seife und Handtuch, Öl, Schere, Abbindeband (beides desinfiziert), weithalsiges Glas mit Jodtinktur zur Nabelbehandlung und Informationen über die Dienstbereitschaft des Tierarztes.

2.3 Geburt

Ganz allgemein kann man sagen: Trägt die Stute 11 Monate und mehr, wird das Fohlen bei der Geburt optimal entwickelt sein. Tritt die Geburt jedoch wesentlich vor dem 11. Monat ein, besitzt der Fötus oft nicht die notwendige Reife; bleibt er am Leben (Chancen bestehen ab dem 300. Tag) und nährt die Stute ihn nicht besonders gut, wird ein solches Fohlen meist schwach entwickelt und holt den negativen Geburtsstatus, also Gewicht, Größe usw. nicht mehr auf.

Anzeichen für die bevorstehende normale Geburt sind unter anderem:

- Zwei bis acht Tage zuvor bilden sich die Harztropfen an den Euterzitzen der Stute aus eingetrockneter Kolostralmilch; auch die Absonderung von Milch ist möglich. Abmelken ist zu vermeiden, damit dem Fohlen nicht Teile der Kolostralmilch entzogen werden.
- Zwei bis sechs Tage zuvor schwellen die Milchadern an der Bauchdecke sowie das Euter an; besonders letzteres wird zunehmend berührungsempfindlicher. Deshalb sollten diese Bereiche mit geeigneten Fetten behandelt werden.
- Vier bis fünf Tage zuvor schwillt die Scheide an, wird innen stärker gerötet und sondert mehr Schleim ab; die Bauchdecke senkt sich.
- Ein bis zwei Tage zuvor vertiefen sich die Flanken, so daß Kreuz und Hüfte der Stute stärker hervortreten: Die Frucht tritt in die Geburtswege ein.
- Eine halbe bis fünf Stunden zuvor machen sich die Vorwehen bemerkbar. Die Stute ist unruhig, legt sich und springt wieder auf, liegt mit nach vorn herausgestreckten Vorderbeinen, setzt häufig Kot und Harn ab oder „tut so, als ob", fängt an zu schwitzen, unterbricht die Futteraufnahme, stöhnt und preßt. In dieser Phase wird der Fötus in die Endlage gebracht. Die Geburtswege werden dabei geöffnet und - meist sehr schmerzvoll - erweitert.

Grundsätzlich sollte man bei Stallhaltung vor und während der Geburt auf besondere Sauberkeit und Ruhe zu achten. Unmittelbar zuvor ist die Stute an After, Scheide, Euter, Beinen und Hufen zu reinigen. Auf die schmerzenden Schwellungen am Unterbauch und Euter ist sehr viel Rücksicht zu nehmen (siehe oben), damit es später beim Anrüsten des Euters durch das Fohlen keine Schwierigkeiten gibt.

Die meisten Hauspferdestuten gebären im Liegen, selten im Stehen. Die Geburt wird durch kräftige Wehen eingeleitet. Zunächst erscheint die Wasserblase, welche die Erweiterung der Geburtswege und damit den Austritt der Frucht vorbereitet hat. Sie platzt meist beim Passieren der Scheide. Wenn alles gut geht und der Regelfall eintritt, wird das Fohlen in der Kopf-End-Lage geboren. In einer zweiten Blase kommen dann zuerst dessen Vorderfüße zum Vorschein, auf denen der Kopf liegt. Alle anderen Lagen können die Geburt sehr erschweren, so daß Vorbeugemaßnahmen für eventuelle Komplikationen immer angezeigt sind; tierärztliche Hilfe kann in solchen Fällen schnell notwendig werden und vielleicht noch lebensrettend für Mutter und Kind sein. Um Infektionen und Verhaltensstörungen zu vermeiden, sollen *bei normal ablaufender Geburt jedoch keine Hilfeleistungen* erfolgen.

Wenn das Fohlen die Geburtswege verlassen hat, müssen sich durch seine Eigenbewegung die mit Fruchtwasser gefüllten Eihäute öffnen. Geschieht das nicht, sind sie sofort aufzureißen, da das Fohlen sonst erstickt. Schon allein damit ist eine Kontrolle der Geburt gerechtfertigt.

Durch das Aufstehen der Stute nach der Geburt oder auch durch Bewegungen des Fohlens reißt die Nabelschnur fast immer ohne menschlichen Eingriff an der schwächsten Stelle dicht über der Bauchdecke des Fohlens durch. Tritt das nicht ein, muß sie an der gleichen Stelle unter Gegenhalten durch drehende Bewegungen getrennt werden. Nur wenn das unmöglich ist, wird der Nabelstrang mit einer desinfizierten Schere durchtrennt. Da sich glatte Wundränder schlecht schließen und daher eine hohe Infektionsgefahr besteht, sollte das aber Ausnahme bleiben. Falls eine solche Maßnahme unvermeidlich ist, sollte aber so lange wie möglich damit gewartet werden, wenigstens so lange, bis der Nabelstrang dem Fohlen kein Blut mehr zuführt. In allen Fällen ist der Strangstumpf auszustreifen und in das bereitstehende Glas mit Jodtinktur oder anderen geeigneten Wunddesinfektionsmitteln zu tauchen, der Sicherheit halber auch noch in den folgenden Tagen.

Es muß immer wieder darauf hingewiesen werden, daß das Neugeborene in hohem Maße infektionsgefährdet ist. Deshalb sind alle Hilfen und Eingriffe auch nach dem Abfohlen auf ein Mindestmaß einzuschränken und, falls wirklich notwendig, unter Beachtung optimaler Sauberkeit vorzunehmen. Besonders sind Nabel, Nase und Maulhöhle des Fohlens vor Infektionen zu schützen. Das noch häufig übliche Schleimauswischen aus Nase und Maul sollte man unterlassen; wenn nötig, ist der Schleim vorsichtig von außen herauszudrücken.

36

Zwillingsgeburten sind bei Pferden selten - die Überlebenschancen der Fohlen nur gering. Zudem kann es erhebliche Geburtsschwierigkeiten geben. Oldenburger (Partbred) Zwillinge Naheed's Classic Aerospace u. Naheed's Classic Aerostar. Foto: U. Kern-Goßmann 1997

Die Geburt dauert beim Pferd einschließlich der Austreibungswehen etwa 20 bis 30 Minuten. Mit dem Fohlen werden schon Teile der Nachgeburt ausgestoßen, weitere gehen innerhalb der folgenden halben Stunde ab. Sie sind mit der verunreinigten Streu zu entfernen und zu vergraben. Bei Nachgeburtsverhaltung von länger als etwa drei Stunden ist der Tierarzt zu befragen; keinesfalls darf die Nachgeburt mit Gewalt entfernt werden.

2. 4 Nach der Geburt

Die Fürsorge des Züchters muß sich nach dem Abfohlen auf Stute und Fohlen erstrecken. Beide bedürfen besonders in der ersten Zeit einer sorgsamen Pflege.
Unmittelbar nach der Geburt ist die Stute trockenzureiben und vor Zugluft zu schützen. Zunächst ist sie meist sehr schonungsbedürftig. In der ersten, eventuell auch in der zweiten Woche sind leicht verdauliche, nähr- und mineralstoffreiche Futtermittel anzubieten. Sie sollen also wenig voluminös sein und die Verdauungsorgane nicht zu sehr belasten. Keinesfalls ist aber eine grundlegende Umstellung der Ernährungsweise der Stute vorzunehmen. Alle Regeln, die für die

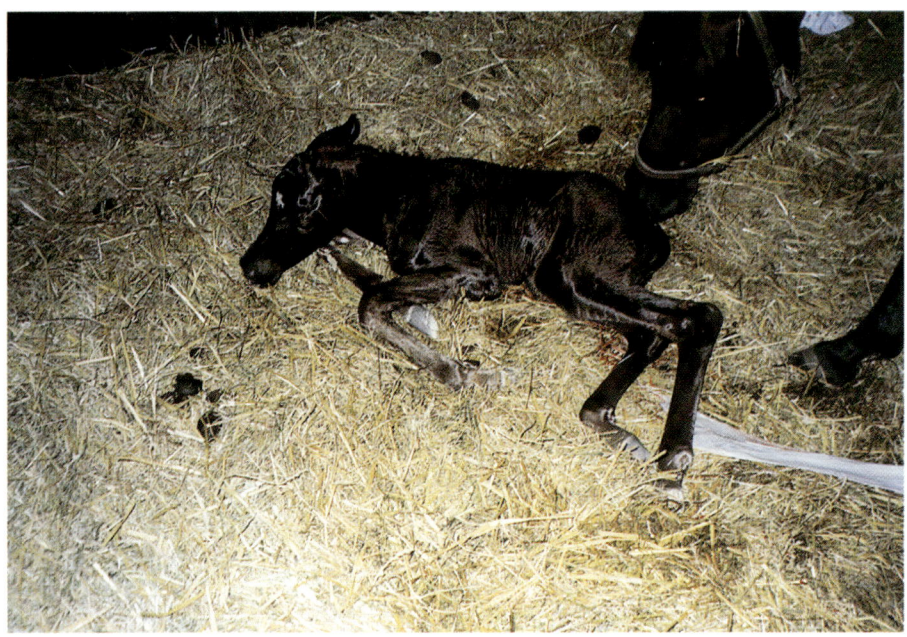

Ganz entscheidend für den Start ins Leben: Diese Stute sorgt direkt nach der Geburt für Anregung des Kreislaufes und Stoffwechsels ihres Hengstfohlens (Sangan - Moneera Bint Salha) sowie die gegenseitige Prägung von Mutter-Kind. Foto: Thierer 1998

Pferdefütterung allgemein gelten, sind hier besonders konsequent einzuhalten. Besonders ist darauf zu achten, das Futter unmittelbar und einige Tage nach der Geburt in kleinen Gaben und öfter anzubieten; manche Stuten fressen nach der Geburt infolge der Strapazen zunächst nur wenig, sind aber später, vielleicht auch infolge der im Bauch entstandenen „Leere" besonders hungrig und können sich deshalb leicht überfressen.

In der ersten Lebensminute muß das Fohlen atmen, etwa 70 mal/min; seine Herzfrequenz liegt bei 50 bis 80 und die Körpertemperatur entspricht noch der seiner Mutter, etwa 37,5°C. Nach einer halben Stunde etwa steht das Fohlen zum ersten Mal und kann hören und sehen. Möglichst bis zwei Stunden nach der Geburt sollte das Fohlen die erste Muttermilch aufnehmen, die als Kolostral-milch (= Biestmilch, Kolostrum) bezeichnet wird. Es kann vorkommen, daß man das Fohlen, wenn es von der Stute beleckt und zum Euter hingeschoben wird, direkt am Euter ansetzen muß. Dabei ist dessen schon erwähnte schmerzvolle Empfindlichkeit infolge der Schwellungen zu berücksichtigen. Besonders Erst-lingsstuten machen hier Schwierigkeiten; sie schlagen nach dem Fohlen oder dem Menschen, der es anzusetzen versucht. Gegebenenfalls muß das Euter durch vorsichtiges An- oder Abmelken entlastet werden, ehe man das Fohlen saugen läßt. Auch kann die Stute kitzlig sein und stößt deshalb das Fohlen weg. Hier hilft vor allem Geduld, um die Milchaufnahme des Fohlens zu sichern. In den ersten 12 Stunden, in der die Muttermilchaufnahme erfolgt ist und das Fohlen lernt, der Mutter zu folgen, sich hinzustellen und zu legen, sowie das erste Mal Harn und Darmpech abgegangen ist, zeigt es infolge der Anstrengungen erhöhte Grundwerte: Die Körpertemperatur steigt auf etwa 38°C, die Herzfrequenz auf meist 120 bis 140. Die Zahl der Atemzüge pegelt sich auf um 35/min ein. Nach der 12. Stunde stabilisieren sich Atemzüge und Körpertemperatur und die Herzfrequenz sinkt auf 80 bis 120 Schläge/min.

Zusammensetzung der Kolostralmilch in % (nach *Flade*(7))

Alter des Fohlens	Trocken- substanz	Asche	Rein- eiweiß	Milch- zucker	Milch- fett
Warmblut/Arabisches Vollblut					
6 Stunden	16.8	0.6	8.2	4.4	2.0
12 Stunden	15.0	0.6	6.2	5.0	2.8
18 Stunden	11.7	0.5	2.6	5.5	2.5
24 Stunden	11.0	0.6	2.9	5.5	1.8
2 Monate (reife Milch)	10.6	0.4	2.2	6.5	1.7
Kaltblut					
6 Stunden	23.1	0.7	15.2	3.9	1.0
12 Stunden	18.9	0.6	11.6	4.5	2.1
18 Stunden	16.2	0.6	7.2	4.9	2.5
24 Stunden	12.1	0.6	3.7	5.3	2.1
2 Monate (reife Milch)	10.4	0.4	1.7	6.5	1.3

Die Kolostralmilch ist nicht nur sehr energiereich und leicht verdaulich, sondern enthält auch spezifisch wirksame Mineral- und Wirkstoffe sowie Antikörper gegen Infektionskrankheiten, denen gegenüber das Fohlen ja besonders anfällig ist. Sie hat zugleich eine diätetische Wirkung, die für den Abgang des Darmpechs sorgt, das sich während der Embryonalentwicklung gebildet hat. Es ist beim Pferd im Vergleich zu anderen Säugetierarten extrem fest und voluminös. Auf seinen Abgang ist deshalb unbedingt zu achten. Er wird meist schon nach der zweiten Stunde sichtbar, aber erst am zweiten Lebenstag wird es sich normalerweise vollständig auflösen. Aus allen vorgenannten Gründen ist es falsch, die Kolostralmilch abzumelken. Ebenso nachteilig ist es, wenn bei der Stute diese wertvolle Milch vor der Geburt abläuft und damit für das Fohlen verloren ist. In solchen Fällen kann das Darmpech nur durch den Tierarzt entfernt werden. Bei Verhaltungen, die sich in zunehmenden Leibschmerzen und Saugunlust äußern, ist dieser sofort zu verständigen.

Die Länge der Kolostralmilchperiode ist individuell unterschiedlich und auch rasseabhängig. Man kann damit rechnen, daß sie schon nach 18 Stunden in die normale Laktation, also die eigentliche reife Muttermilch, übergeht. Insgesamt gesehen ist also jede Stunde, die das Fohlen am ersten Lebenstag zum Saugen nutzen kann, kostbar; nach etwa 24 Stunden läßt die Darmwand des Fohlens keine Eiweißmoleküle, also auch keine Antikörper, mehr passieren.

Nach ein bis zwei Wochen kann die Stute mit dem Fohlen bei mildem, windstillem Wetter stundenweise auf die Weide oder in den Auslauf kommen; nach weiteren drei bis vier Wochen ist auch der allmähliche Einsatz der Stute zur Arbeit wieder möglich. Das Fohlen sollte dann aber mindestens alle zwei Stunden Gelegenheit haben, Muttermilch aufzunehmen und Kontakt mit der Mutter zu haben. Später genügen dann Abstände von vier bis fünf Stunden, sind aber im Interesse eines günstigen Wachstums des Fohlens besser kürzer zu halten, da das Milchangebot der Stute mit sinkender Saughäufigkeit zurückgeht. So ist es vorteilhaft, wenn das Fohlen bei längerer Arbeit der Stute mitlaufen kann; damit erfolgt eine optimale Anpassung an seine erst zu erforschende Umwelt, es schult den Bewegungsablauf und trainiert seinen Organismus.

Die Stute ist entsprechend der Laktation und ihrer Arbeitsintensität zu füttern; hier ist individuell vorzugehen, damit sie ihr Fohlen gut ernährt und trotzdem dabei nicht zu sehr zusetzt, andererseits aber auch nicht überfüttert wird.

Entwicklung von Inhaltsstoffen der Stutenmilch beim Arabischen Vollblut
(nach *Flade* (7))

	Ende des 1. Tages	Ende des 4. Monats
Trocken-substanz	12.3 %	9.4 %
Milchzucker	5.5 %	6.8 %
Milchfett	schwankend um 1.3 %	
Gesamteiweiß	3.3 %	1.6 %
Milchmenge/Tag	schwankend um 16.0 kg	
Saugakte/Tag	75 mal	22 mal
Säugezeit/Tag	225 min	25 min

Milchleistung im Verlaufe der Laktation
(in *Flade* (8))

Alter des Fohlens	Monatliche Milchleistung der Stuten in kg		
	Warmblut/ Arab. Vollblut	Kaltblut	Shetland Pony
0 bis 1 Monat	420	460	310
1 bis 2 Monate	440	500	350
2 bis 3 Monate	510	550	470
3 bis 4 Monate	450	510	290
4 bis 5 Monate	330	540	290
0 bis 5 Monate	2.150	2.560	1.710

Milchmangel der Stute kann durch Zufütterung von verdünnter Rindermilch bedingt ausgeglichen werden; sie ist zu etwa einem Drittel mit abgekochtem, lauwarmem Wasser zu versetzen, dem man etwa 20 g Zucker pro Liter zusetzt. Diese Tränke sollte um 30°C warm sein. Der Wasseranteil kann allmählich durch Magermilch ersetzt werden. Auf eventuell eintretenden Durchfall beim Fohlen ist zu achten. Bei mutterloser Aufzucht des Fohlens kann mit Wasser und einem Milchpräparat eine geeignete Tränke hergestellt werden, die ab etwa der sechsten Woche mit Fohlenaufzuchtfutter zu ergänzen ist. Der Wasseranteil ist auf maximal 40°C zu erwärmen, damit die Gesamttränke die optimale Temperatur hat.

Tägliche Laktation im Durchschnitt von fünf Monaten bei verschiedenen Pferderassen
(in *Flade* (7))

Rasse	absolut in kg	Milchmenge je kg Gewicht der Stute	%
Arabisches Vollblutpferd	14.0	32.0	100
Warmblutpferd	14.3	24.2	76
Kaltblutpferd	17.1	24.1	76

2. 5 Zuchtwahl

Die Pferdezucht war und ist bis heute ein besonders kompliziertes Gebiet der Tierzucht. Die Ursachen dafür sind unter anderem der große Generationsabstand sowie der schwierige Fruchtbarkeitsstatus und die anspruchsvolle Aufzucht bei Pferden. Daraus ergeben sich nur geringe Vermehrungsraten und als Folge langsame Zuchtfortschritte, die generell auch zu den bekannten heiklen wirtschaftlichen Problemen führen. Hinzu kommt, daß die Nutzungs- und Leistungseigenschaften des Pferdes durch zahlreiche Gene und deren Kombinationen bestimmt werden, so daß bis heute eine objektive Leistungsbewertung nur im Ansatz möglich ist. In diesen Tatsachen sind die hohen Forderungen an umfassende fachliche Kenntnisse des Pferdezüchters, an seine großen beruflichen Fertigkeiten und Erfahrungen sowie an seine Besonnenheit und Ausdauer begründet. Das gilt vor allem für unsere Zeit, in der er die Zucht immer seltener in seiner Eigenschaft als Landwirt, sondern oft ohne jede Vorbildung nebenberuflich betreibt. Weitere Voraussetzungen für eine erfolgreiche Arbeit mit vertretbaren Aufwendungen sind neben geeigneten Bedingungen für eine artgerechte Fohlenaufzucht, so beispielsweise ausreichendem Weidegang, vor allem die Qualitäten der Zuchtstute und des Zuchthengstes. Bei deren Auswahl besteht die Forderung ganz besonders, nach welcher der Pferdezüchter „in Generationen denken" muß. So gilt - und galt schon immer -, daß Mittelmäßigkeit die Verwendung von Pferden beiderlei Geschlechts für die Zucht grundsätzlich ausschließt. Die Konsequenz ist, daß bei der Auswahl der Zuchttiere deren Vor- und Nachteile stets gegeneinander abzuwägen sind, wobei die Vorzüge deutlich überwiegen müssen. Wünsche bleiben immer offen und nur Laien können glauben, mit einem schönen zugleich auch ein im Sinne des Zuchtzieles makelloses Tier zu erwerben oder zu besitzen. Schon der über Jahrtausende erfahrene Volksmund rät dem Menschen zu entsprechender Toleranz bei den Qualitätsforderungen an seinen für mehr oder weniger lange Zeit ersehnten zweibeinigen Gefährten; je nach dem eigenen hormonabhängigen Interieur und dessen äußeren Möglichkeiten ist zwar zu wählen zwischen „Wer Pferd' und Männer suchet ohne Mängel, hat nie ein Roß im Stall, im Bett nie einen Bengel!" und „Wer Pferd' und Frauen suchet ohne Mängel, hat nie ein Roß im Stall, im Bett nie einen Engel!", jedoch ist das Ergebnis in beiden Fällen nicht immer eine reine Freude. Natürlich sollte man dennoch nach dem zwei- und vierbeinigen Optimum streben und den Mut zum Risiko nicht verlieren.

In erster Linie haben Stute und Hengst sowohl hinsichtlich Exterieur als auch im Interieur dem Rasse- und Geschlechtstyp weitgehend zu entsprechen; beides muß für den Betrachter zweifelsfrei erkennbar sein. Wenn im Goethe'schen Sinn die Schönheit stets das Charakteristische der Erscheinung bedeutet, dann ist ein typtreues Zuchtpferd in seiner Art immer schön, denn unter dem Sammelbegriff „Typ" wird das für die jeweilige Rasse und für das Geschlecht des Einzeltieres Kennzeichnende zusammengefaßt. In den Rassetyp ist stets die Nutzungsrichtung eingeschlossen, für die sich das Pferd vorwiegend eignet und die deshalb fast immer Inhalt des Zuchtzieles ist, um dessentwillen der Züchter gerade diese Rasse bevorzugt. Man spricht auch noch von einem Interieurtyp, unter dem man einen Teil des Rassetyps versteht und der solche Faktoren wie Gleichgewichtsverhalten, Energie, Bewegungsablauf (mit Antritt und Kadenz) einschließt. Der Geschlechtstyp, der sich aus den primären und sekundären Geschlechtsmerkmalen ergibt, resultiert aus der Wirkung der Geschlechtshormone und läßt Schlüsse auf ein biologisch einwandfreies Fortpflanzungsgeschehen zu. So heißt es auch in einem alten Aphorismus, der aus der Überlieferung der Araber stammt, die

*Arabische Pferdefamilie, Vater - Mutter - Tochter: Naheed *1984 - E-Gharlima *1987 -
Ghaleef *1997/Laubach-Wetterfeld)*
Foto: K. Anders 1997

traditionell auf Familienzucht ihrer Stuten besonderen Wert legen: „Der größte
Reichtum sind fließende Quellen auf grünem Grunde und ein Pferd, das ein
anderes im Leibe trägt oder dem ein weiteres folgt."

Der Hengst ist das *revolutionierende* Element in der Pferdezucht; er soll Interieur und Exterieur in der gewünschten Weise beschleunigt weiterentwickeln oder
auch verändern. Hier ist jedoch der für die internationale Männergesellschaft
kennzeichnenden und demzufolge sehr verbreiteten Auffassung zu widerspre-
chen, daß vornehmlich er für eine gute Nachzucht sorgt, woraus sich auch die
unsachliche Überbewertung von Hengstlinien und der oft damit verbundene,
laienhafte Abstammungskult ergibt. Schon weil sich der Hengst im Laufe seines
Lebens direkt oder über den Weg der Besamung an zahlreiche Stuten paaren läßt
und dadurch von großem Einfluß ist, hat aber seine Auswahl äußerst kritisch zu
erfolgen; je höher das vorhandene Niveau der Zuchtstuten bereits ist, desto

*Eine Richterkommission mit Ringstuart bei ihrer Arbeit - sie darf nur beurteilen, was sie
sieht. Deshalb muß das Pferd ruhig und natürlich stehen und sachgemäß geführt werden.
(Asil-Cup Mannheim 1993)
Foto: C. Toischel 1993*

strenger muß die Selektion bei den Hengsten sein, um dem weiteren Zuchtfortschritt eine Chance zu geben.

Dieser gelingt jedoch nur, wenn das *bewahrende* Element, die Zuchtstute, die
Merkmale und Eigenschaften in der Qualität aufweist, wie das Zuchtziel oder
der Rassestandard sie fordern. Sie sollte deshalb aus einer traditionellen, im
Sinne der Rasse durchgezüchteten Stutenfamilie stammen und als Individuum
deren Exterieur und Interieur in den wichtigsten Punkten verkörpern. Besonders
Typ und Modell werden nur langsam in Generationen verändert, wenn man auf
Einkreuzungen verzichtet. Deshalb finden sich in der Regel bei den Nachkommen typtreuer Stuten diese Grundelemente wieder, natürlich auch bei ihren
Hengstfohlen, von denen nur die besten später wieder den Zuchtfortschritt bringen, wie vorstehend angedeutet worden ist. Selbst mit nur mäßigen Hengsten
bringen solche Zuchtstuten vorwiegend recht beachtliche Fohlen, während sich
selbst ausgesuchte Qualitätshengste gegenüber weniger guten Stuten häufig nicht
durchsetzen können.

Diese makellose, aus einer alten Stutenfamilie stammende, schweizerische Araberin wird mit einem geeigneten Partner hinsichtlich Merkmalen und Eigenschaften erstklassige Nachkommen bringen. Nazhada Madani *1993/Ettiswil
Foto: Chr. Marbach 1996

Stuten sind insgesamt feiner im Skelett, verfügen also nicht über so viel Muskelansatzfläche wie Hengste. Daher sind das Maß des Röhrbeinumfanges der Stute oder das Gewicht gegenüber dem des Hengstes geringer. In ihrer, auch feminin genannten, Linienführung ist sie allgemein gerundet. Das fällt ebenfalls häufig in der Struktur des Kopfes auf: Er ist oft feiner und weniger kantig, also auch leichter als der des Hengstes der gleichen Rasse. Ihr Hals ist deutlich weniger bemuskelt und erscheint deshalb häufig auch lang (ist es auch manchmal); die geringere Muskulatur des Unterhalses führt zu geringerer natürlicher Aufrichtung und begründet die tiefere Kopfhaltung bei Stuten. Ihre Mittelhand ist fast nie zu kurz, allgemein länger und nicht so geschlossen wie bei Hengsten. Sie sollten eine gute Brust- und Rumpftiefe sowie ausgeprägte Rippenwölbung und ein breites, nicht zu kurzes Becken haben, in der Hinterhand breiter als in der Vorhand sein. Es ist nicht nur an den Raum für die Entwicklung des Embryos zu denken, sondern auch an die Sicherung einer leichten Atmung während der Trächtigkeit und der Geburt. Grundsätzlich muß ihr Fundament zum Körperbau passen und klar erkennbare, trockene Gelenke aufweisen.

Die Töchter von Shar Zarqa *1966/Treis. V. li. n. re. Hamasa *1972 (v. Hadban Enzahi OA *1952), Hamasa Kahila *1971 und Hamasa Zaalee *1973 (beide v. Kaisoon OA *1958). Foto: H. Reinhard 1996

Rassespezifische Veranlagung zu korrektem Gang mit entsprechendem Raumgriff ist eine unverzichtbare Forderung. Bei der Beurteilung von Höhe und Rahmen sollte daran gedacht werden, daß die Entwicklung des Fohlens durch größere Körperabmessungen der Mutter begünstigt werden kann. Gemessen am jeweiligen Zuchtziel sollte die Stute also nicht zu klein sein, denn Embryonalwachstum sowie Größe und Körpergewicht des geborenen Fohlens sind im Durchschnitt denen der Stute annähernd proportional.

Hengste sind ganz allgemein durch stärkere Muskulatur gekennzeichnet und deshalb im Unterschied zur Stute derselben Rasse auch schwerer. Sie haben eine stärkere, kräftigere Halsbemuskelung, die sich vor allem auf die - reiterlich unerwünschte - stärkere Bildung des Unterhalses auswirken kann und so die

Oft gibt es eine geradezu verblüffende Ähnlichkeit von Eltern und Nachkommen beim arabischen Pferd. Der Vater: Farag OA *1962. Foto: T. Míček

auffallende natürliche Aufrichtung provoziert. Allgemein ist eine härtere, auch maskulin genannte, Linienführung vor allem zwischen Halsansatz und Sitzbein-höcker vorhanden, weiterhin eine stärkere und breitere Ausbildung der Vorhand gegenüber der Hinterhand. Das energischere Temperament des Hengstes begün-stigt vor allem die Selbsthaltung, die im Bereich der Vorhand besonders sichtbar ist und die Aufrichtung noch begünstigt. Konsequent sind höchste Ansprüche an korrekte und raumgreifende Bewegungsabläufe zu stellen. Infolge der allgemein späteren Wachstumsreife der Hengste und der damit verbundenen Verlängerung des Wachstumsabschlusses ist die Ausprägung ihrer Körpermerkmale oft deut-lich später abgeschlossen als bei Stuten. Das ist bei der Beurteilung von

Der Sohn: Hamasa Nabih *1988/Treis.
Foto: C. Toischel

Hengstfohlen ab etwa dem ersten Lebensjahr, von Junghengsten bei Körungen, Zuchtanerkennungen, Schauen usw. besonders zu beachten; hier hat man es oft mit noch unfertigen Tieren zu tun und die Gefahr von Fehleinstufungen liegt auf der Hand, wenn man die biologischen Gesetzmäßigkeiten nicht beachtet. Mit der Geschlechtsreife hat das allerdings nichts zu tun: Die Halbstarken unter den Hengsten sind natürlich kräftig motiviert, lernen demzufolge auch die Decktechnik schnell und können schon zum Ende ihres ersten Lebensjahres zeugungsfähig sein.

Zugunsten der geforderten optimalen konstitutionellen Werte, die sich vor allem in langer, erfolgreicher Zuchtverwendung und guten Ergebnissen in Leistungsprüfungen auch der Vorfahren und vielleicht schon der Nachkommen widerspiegeln, sollten durchaus kleinere Schwächen im Exterieur des Einzeltieres in Kauf genommen werden. Hierbei ist aber zu prüfen, ob sie sich schon bei den Ahnen gezeigt haben, es sich also um ererbte Mängel handeln könnte. Daraus ergibt sich die Notwendigkeit einer genauen Kenntnis der Abstammung der Zuchtpferde und der mit den Namen ihrer Vorfahren verbundenen Merkmale und Eigenschaften. In alten bewährten Stutenfamilien sind gewichtige genetische Mängel nicht vorhanden; sie hätten ihre Entwicklung unmöglich gemacht. Dort, wo sie in der Vergangenheit aufgetreten sind, konnte sich ein Stamm nicht herausbilden oder ist wieder erloschen.

Angaben zur Vererbung von Merkmalen und Eigenschaften können im Rahmen dieser Schrift nur angedeutet werden. In Bezug auf die Körpermerkmale ist bekanntlich nur wenig konkret vorherzusagen. Das hängt damit zusammen, daß zahlreiche umweltlabile Gene an ihrer Entstehung und Ausprägung beteiligt sind (= additive Genwirkung, deshalb auch: quantitative Merkmale), je nach Inzuchtgrad und Merkmal auch noch unterschiedlich. Da der Umwelteinfluß dadurch in großem Umfang möglich ist, tritt der Erblichkeitsanteil entsprechend zurück. Daher beträgt der Schätzwert (= Heritabilität) des erblich bedingten Anteils an der Ausprägung eines Körpermerkmals innerhalb einer Population (also nicht beim Einzeltier!) nur zwischen etwa 20 und 60% (Heritabilitätskoeffizient = h^2 = 0,20 bis 0,60), liegt also im niedrigen bis mittleren Bereich. Je höher diese Werte sind, desto eher ist eine züchterische Beeinflussung aussichtsreich. Innerhalb dieser Spanne liegen die Werte für Gliedmaßenstellung und Bewegungsablauf am höchsten, weshalb ihrer Bewertung auch besondere Aufmerksamkeit geschenkt werden muß. Für die Ausprägungen der Körpermerkmale kommen als äußere Einwirkungen die individuelle Embryonalentwicklung und das nachgeburtliche Wachstum hinzu. Letzteres ermöglicht zwar noch einige Beeinflussung durch Fütterung und Haltung, aber die angelegten Grundpositionen bleiben wesentlich erhalten.

Mit größerer Sicherheit vererben sich erfahrungsgemäß dagegen solche Eigenschaften wie Konstitutionsmängel (zum Beispiel Neigung zu Erkrankungen, mangelnde Fruchtbarkeit einschließlich ungenügender Milchleistung oder schwacher Rosseanzeichen), Nervosität, Schreckhaftigkeit, in kleinerem Umfang auch Neigung zu Charakterschwächen, andererseits positiv auch beispielsweise Leistungswille, Robustheit, große Fruchtbarkeit, Freßlust (damit vor allem Wachstums- und Leistungsvorteil) und Ausgeglichenheit, so daß sich auch aus dieser Sicht eine einseitige Überbewertung der Exterieurmerkmale verbietet.

Nachkommen von Stuten, die über einen gewissen Verwandtschaftsgrad mit dem für sie vorgesehenen Hengst verfügen, lassen in der Regel einen schnelleren Zuchtfortschritt erwarten, wenn die gemeinsamen Vorfahren über entsprechende Qualitätsmerkmale verfügten. Deshalb ist es zum Beispiel für die Veredelung in der modernen Warmblutzucht günstig, Stuten aus Familien, die bereits über einen bestimmten Vollblutanteil verfügen, mit dazu passenden Vollbluthengsten zu paaren. Die Herausbildung des englischen Vollblutpferdes vor 300 Jahren sowie vieler europäischer Warmblutrassen vor etwa 200 Jahren ist auf diese Weise unter Nutzung arabischen Blutes erfolgt.

Von der Vererbung der Farben und Abzeichen ist infolge der Beteiligung nur weniger, aber umweltstabiler Gene (deshalb auch: qualitative Merkmale) an der Fellfärbung eine Menge bekannt. Es gibt wenigstens fünf Anlagenpaare für die Fellfarbe, die durch Buchstaben gekennzeichnet sind (A bis E dominant über a bis e). Die Vererbung der Abzeichen ist aber nur teilweise zu erklären.

Grundsätzlich gilt, daß das Wachstum des Pferdes in Abschnitten erfolgt. Diese Zyklen sind nicht nur von den rassespezifischen, genetischen Faktoren abhängig, sondern auch vom Termin des Absetzens von der Mutter und vom Geschlecht des Fohlens; weiterhin spielen die durch unterschiedliche Haltung und Ernährung zeitlich differenzierte Geschlechtsreife sowie der Zeitpunkt der ersten Nutzung (Einreiten, Einfahren) eine Rolle. Zu berücksichtigen ist dabei auch, daß die bei der Geburt am meisten entwickelte Körperhöhe (gekennzeichnet durch Widerrist- und Kreuzbeinhöhe) und die Skelettstärke (abschätzbar am Röhrbeinumfang) zuerst ihr Wachstum reduzieren, weit vor der Körperlänge

Schon in den ersten Lebensmonaten deutet sich die für den Vollblutaraber charakteristische Kopfform mit der typischen Augen- und Nüsternpartie an. Foto: L. Míček 1991

(Maß: Rumpflänge), der in kleinerem zeitlichen Abstand die Tiefen- und Breitenentwicklung (Maße der Brusttiefe und -breite, des Beckens, bedingt auch des Brustumfanges, und andere) folgt. Das Längenwachstum der Knochen verlangsamt sich bei normaler Ernährung deutlich im früheren Lebensabschnitt des Fohlens und wird deshalb auch eher als das Dickenwachstum abgeschlossen. Erschwerend für die Beurteilung wachsender Pferde kommt die mehr oder weniger schlechte Präsentation der vorgestellten und zu musternden jungen Pferde hinzu, weil diese sehr viel und fachgerechte Arbeit erfordert, die oft nicht aufgewendet wird.

Zu bedenken ist noch, daß Stutfohlen nicht nur einen oder einige Tage kürzer getragen werden als Hengstfohlen, sondern je nach Rasse sechs bis 12 Monate früher reif sind; die Zuchtreife kann schon mit etwas über einem Jahr eingetreten sein, also weit vor dem Abschluß des Wachstums. Die Rosse zeigt sich meist etwa ab dem 18. Monat, die volle Zuchtreife nach 24 bis 48 Monaten. Grundsätzlich sollte das Ende des Wachstums vor der Erstbedeckung wenigstens annähernd abgewartet werden; Bedeckungen vor der Wachstumsreife führen infolge der veränderten Steuerung des Hormonhaushaltes zum vorzeitigen Wachstumsstillstand bei der Jungstute, vor allem jedoch zu schweren psychologischen Störungen und damit auch zu potentiellen Dauerschäden der Fortpflanzungsphysiologie. Die Zuchtbenutzung ist selbst bei frühreiferen Rassen erst zwischen dem vollendeten dritten und vierten Lebensjahr anzuraten, bei spätreiferen Rassen in Abhängigkeit vom Wachstumsende entsprechend später. Neben der Tatsache, daß zu früh gedeckte Stuten zu klein bleiben, ist darauf aufmerksam zu machen, daß daraus gezogene Fohlen ebenfalls Größen- bzw. Gewichtsdefizite gegenüber dem Durchschnitt aufweisen.

Erstrebenswert ist immer, daß das Fohlen, also das künftige Zuchtpferd, aus einer Stutenfamilie kommt, deren Angehörige sich überdurchschnittlich gut vererbten und lange zur Zucht genutzt werden konnten. Das gilt unbedingt auch für die Hengstfohlen. Man kann weitgehend sicher sein, daß dann auch die Erwartungen an ein solides züchterisches Ergebnis nicht enttäuscht werden. Eine bedeutende Hilfe ist dabei stets, sich Kenntnis über die Mutter durch eigene Anschauung zu verschaffen - deshalb ja auch die Stuten- und Fohlenschauen - , sich ihre Abstammung durch geeignete Persönlichkeiten erklären zu lassen und natürlich ebenso beim Vater des Fohlens zu verfahren, wie es sich bei Nachzuchtbewertungen besonders anbietet.

2. 6 Zuchtmethoden

Mit einer geeigneten Methode versucht der Züchter, die richtigen Partner für die Paarung auszuwählen und, das wird oft vergessen, auch die Selektion ihrer Nachkommen vorzunehmen. Letzteres kostet viel Mut und meist auch Geld, denn bei den aus Qualitätsgründen ausgesonderten Fohlen setzt man in der Regel zu. Zwei Ziele kann man mit seiner Zuchtmethode verfolgen: Angestrebt wird entweder, das vorhandene genetische Potential einer Population oder Rasse zu erhalten (= Erhaltungszucht) oder es zu verbessern (= Verbesserungszucht). In beiden Fällen kann sich das Zuchtziel entweder auf die gesamten Merkmale und Eigenschaften einer Population oder Rasse ausrichten oder nur einige, ganz bestimmte Merkmale und Eigenschaften betreffen:

Erhaltungszucht: In der Regel wird sie zum Beispiel bei vom Aussterben bedrohten Pferderassen angewendet mit dem Ziel, deren gesamtes Erbgut und damit seine Vielfalt zu bewahren.

Verbesserungszucht: Hier sollen ein oder mehrere Merkmale und Eigenschaften verbessert werden; man sollte ihre Zahl möglichst gering halten und sich nur auf die wesentlichsten beschränken, damit Aussicht auf einen Zuchtfortschritt besteht.

Nach dem Ordnungsprinzip der „Linien" lassen sich Teile einer Rasse oder Population besser übersehen. Viele Zuchtgebiete haben zum Beispiel ihre Hengste nach Linien geordnet und das hilft durchaus, die Bemühungen um einen Zuchtfortschritt zu fördern.

Zu den einzelnen Methoden können nur kurze Bemerkungen gemacht werden:

Inzucht: Sie ist eine traditionell in der Pferdezucht angewandte Methode. Schon die Churriter kannten ihre Wirkung und übermittelten diese Kenntnisse im 17. Jahrhundert v. Chr. den Völkern des Vorderen Orients. Man versteht darunter die Verpaarung von Tieren, die enger miteinander verwandt sind als der Durchschnitt aller Mitglieder einer Population oder Rasse. Bei Pferden betrifft das Verwandte zweiten bis fünften Grades. Der Begriff der *Inzestzucht* meint Paarungen von Verwandten ersten oder zweiten Grades miteinander. Grundsätzlich beschleunigt die Inzucht die Bildung erbreiner (vgl. „Reinzucht") Populationen und ist daher eine bedeutende Maßnahme der Tierzucht generell. Sie erhöht vor allem bei längerer Anwendung aber auch das Risiko, daß unerwünschte Erbanlagen vermehrt auftreten, wobei man in der Pferdezucht nicht nur an Leistungs- und Vitalitätsminderungen, sondern vor allem an die Erbdefekte denken muß (siehe auch *ROSSDALE* (22)). Zur Inzucht gehört also stets die Bereitschaft zu konsequenter Selektion.

Reinzucht: Sie wird in der Tierzucht traditionell angewandt. Sprichwörtlich für diese Methode sind aufgrund ihrer seit vielen Generationen geschlossenen Zuchtpopulation das Arabische und Englische Vollblutpferd. Bei der Reinzucht handelt es sich um die Paarung von Pferden derselben Rasse oder Population mit dem Ziel, deren Eigenschaften und Merkmale unter Erhaltung des gesamten Erbgutes zu konsolidieren und zu verbessern. Die verpaarten Pferde stehen in demselben Zuchtbuch und entsprechen damit in ihren Merkmalen und Eigenschaften demselben Zuchtziel einschließlich der für die Rasse oder Population typischen Variation. Aufgrund dieser sehr zuverlässigen Vorgehensweise gibt es allerdings kaum Abweichungen von der rassetypischen Variation nach rechts oder links, also weder positive (= Leistungssteigerungen) noch negative (= Leistungsdepressionen) Veränderungen. Zur praktischen Durchführung der arabi-

54

schen Vollblutzucht schreibt *WEDEKIND* (4) 1975 unter anderem: „Das Zu-
rückdrängen von unerwünschten Eigenschaften könnte rein theoretisch bereits
von der arabischen Vollblutzucht vorgenommen werden, wenn man nicht dadurch Gefahr liefe, auch die rassespezifischen Eigenschaften zu verlieren. Diese
zu erhalten ist jedoch oberstes Gebot. Die Zucht des Vollblut-Arabers muß zur
Erhaltung dieser Rasse Selbstzweck sein, um sie auch für alle die Zuchten in der
jetzigen Form bereit zu halten, die sich vom Einkreuzen mit AV-Hengsten die
Verbesserung bestimmter Eigenschaften erwarten. Selbstzweck heißt in diesem
Sinne, daß die Pedigreezucht Trumpf sein darf, daß die Selektion sich auf Erhalt
des klaren Rassetyps beschränkt und daß man sogar über geringe Fehler hinweg-
sehen kann".

Kreuzungszucht: Hier werden Pferde verschiedener Ausgangsrassen oder Populationen miteinander verbunden. In der Regel geschieht das zur Verbesserung
bestimmter Eigenschaften und Merkmale der Ausgangsrasse durch das Einkreuzen von Vertretern derjenigen Rasse, die dazu geeignet erscheint oder ist.

Typisch ist für die Entstehungsgeschichte fast aller europäischen Warmblutrassen vorwiegend im 19. Jahrhundert die Anpaarung von „edleren" Hengsten,
vorwiegend Arabischen und Englischen Vollblütern, an die Stuten der zu ver-
bessernden regionalen Rassen (= Landrassen). Deshalb wird diese Methode
Veredelungskreuzung genannt. Dieses Verfahren gilt noch heute, allerdings
betont zur Verbesserung ganz bestimmter Merkmale und Eigenschaften, vor
allem bezüglich der Reiteignung und der dabei möglichen Höchstleistungen.

Die *Gebrauchskreuzung* schafft aus meist zwei Rassen ein neues Produkt, das
nicht zur Weiterzucht, sondern nur zum „Gebrauch" verwendet wird. In der
Pferdezucht gilt dafür als besonderes Beispiel der Hunter, der aus der Bedeckung
einer schweren Stute mit einem englischen Vollbluthengst entsteht und bekanntlich in idealer Weise den Anforderungen an ein schweres, sicheres Geländepferd
entspricht.

3. Wachstum und Aufzucht

Unter dem Begriff „Wachstum" versteht man beim Säugetier ganz allgemein die Zunahme der Körpermasse, die mit der Zellteilung beginnt und mit der Zellvermehrung und -differenzierung fortgesetzt wird. Beim *vorgeburtlichen*, pränatalen Wachstum, also im Embryonalstadium, tritt die ausschließliche Zunahme der Körpermasse zugunsten der Anlage neuer Körperteile und –organe etwas in den Hintergrund, ist jedoch stets vorhanden. Beim *nachgeburtlichen*, postnatalen Wachstum ist infolge des stetigen Größenwachstums eine kontinuierliche Massezunahme nachzuweisen. Der Wachstumsprozeß dauert so lange, wie der Aufbau organischer Materie deren Abbau überwiegt; er ist die direkte Folge des Gesamtstoffwechsels eines Tieres.

Die Wachstumsfähigkeit des Säugetieres, also seine Veranlagung zu einem ganz bestimmten Wachstumsverlauf und -abschluß, einer bestimmten zu erreichenden Endgröße usw., ist ein genetisch festgelegtes Kennzeichen der Art, beispielsweise „Pferd", oder auch der Rasse, beispielsweise „Vollblutaraber". Sie ist von zahlreichen Beziehungen innerhalb des Organismus abhängig, unter anderem Hormonen und Fermenten, vom Zustand der Zelldifferenzierung, vom Quellungszustand (Wasser- bzw. Trockensubstanzgehalt verändern sich), vom Prozeß des Alterns sowie den Beziehungen zwischen dem Organismus und seiner Umwelt. Hierzu gehören Ernährung, Vitamin- und Mineralstoffzufuhr, Klimafaktoren (auch des Stalles) sowie aktive Bewegung.

3. 1 Vorgeburtliche Entwicklung

Plazenta und Embryo haben besonders in den ersten Trächtigkeitsmonaten einen hohen Nährstoffvorrang am Stoffwechsel der Stute. Jedoch sinkt die Stoffwechselrate von beiden im Verlaufe der Entwicklung des Fohlens; die der Plazenta ist schon in einem sehr frühen Stadium erloschen. Plazenta und Embryo entwickeln sich auf Kosten der Stute - sie muß also entsprechend gefüttert werden -, so daß das Wachstum des Embryos weitgehend unabhängig von den Umweltverhältnissen erfolgt, beispielsweise auch von der Ernährung der Stute. Das geht soweit, daß der mütterliche Organismus unter ungünstigen Verhältnissen - zum Beispiel zu frühe Bedeckung oder Zwillingsgeburt - durch die Trächtigkeit geschädigt werden kann und damit auch die Entwicklung des Fohlens ungünstig verläuft.

Allerdings bleibt ein eventuell schädigender Einfluß auf die Stute innerhalb einer Sicherheitsgrenze: Größe und Masse der Frucht (Plazenta und Embryo) entwikkeln sich etwa proportional der Größe und Masse der Stute; das trifft also auch etwa für Größe und Gewicht des neugeborenen Fohlens zu. Die annähernde Parallelität in seiner Entwicklung bleibt bis zum Wachstumsabschluß des Fohlens bestehen; deshalb erreichen zu leichte und kleine Fohlen auch beim Abschluß des Wachstums meist nicht die für die Rasse gültige Durchschnittsentwicklung, obgleich sie aufgrund ihrer rassetypischen genetischen Veranlagung „versuchen", das während der Trächtigkeit Versäumte nachzuholen.

Größe und Gewicht der Frucht sind in ihrer oberen Grenze, ebenso wie beim nachgeburtlichen Wachstum, genetisch festgelegt. Während das Längenwachstum beim Pferdeembryo fast gleichmäßig erfolgt, vergrößert sich die Körpermasse in Abhängigkeit von den Differenzierungsprozessen periodisch, vornehmlich in den ersten vier bis fünf Monaten, weiterhin im Verlaufe des achten bis zehnten Monats. Das Gesamtgewicht von Fötus, Fruchtsack einschließlich Fruchtwasser und Plazenta beträgt beim Pferd zum Zeitpunkt der Geburt etwa 13 bis 15 Prozent, das Gewicht des Fötus allein, also das Geburtsgewicht des Fohlens, etwa 8 bis 11 Prozent des Gewichtes der Stute.

3. 2 Nachgeburtliches Wachstum

Auch die nachgeburtlichen Wachstumsvorgänge sind bei allen Säugetierarten Gesetzmäßigkeiten unterworfen, aus deren Kenntnis sich wertvolle Rückschlüsse für die Pferdehaltung, insonderheit für die Fohlenaufzucht, ergeben.

Die Wachstumsintensität ist gewichtsabhängig. Man unterscheidet dabei die absolute Wachstumsintensität (Zuwachs in der Zeiteinheit, zum Beispiel Länge, Breite, Gewicht in cm bzw. kg) von der relativen, unter der man das Verhältnis des Zuwachses oder der Zunahme zum Anfangs- (Geburt) oder Endwert (Wachstumsabschluß) in Prozent versteht.

Die Begrenzung der Wachstumsintensität ist dadurch gekennzeichnet, daß der Aufbau von Körpersubstanz zur Körperoberfläche im gleichen Verhältnis steht. Ursachen für diesen Vorgang sind: Der Aufbau von Körpersubstanz hängt vom Stoffwechsel ab und ist die Folge der Nährstoffaufnahme (Resorption) durch den Organismus; diese ist wiederum von der Größe der resorbierenden Fläche abhängig. Unter anderem ist der Stoffwechsel durch die Atmungsintensität ge-

Stutfohlen aus der Nafteta von Farag OA. Foto: B. Müller

kennzeichnet, welche deshalb also im proportionalen Verhältnis zur Körperoberfläche steht. Atemzüge pro Minute in Ruhe: Maus 200, Kaninchen 50, Pferd 10
bis 16, Elefant 5 bis 10. Mit dem Wachstum des Körpers nimmt seine Masse,
also das Gewicht, etwa mit der dritten Potenz, seine Oberfläche jedoch nur mit
der zweiten Potenz zu. Das Fohlen verbraucht also zunächst mehr Nahrung, als
für seine Erhaltung und Bewegung notwendig ist. So erübrigt es einen Über-
schuß für sein Wachstum. Dieser wird demzufolge im Verlauf des Wachstums
immer kleiner, die Wachstumsintensität sinkt und schließlich kommt es zu dem
oben genannten Gleichgewicht, bei dem die Nahrung nur noch die Bedürfnisse
der Erhaltung, Bewegung, Leistung zu decken hat. Damit ist der Aufbau von
Körpersubstanz beendet, der Wachstumsabschluß erreicht.

Der Wachstumsverlauf läßt sich mathematisch verdeutlichen und ist festen Regeln unterworfen. Größen- und Längenwachstum sind in einer *linearen* Kurve
mit allmählicher Abflachung darstellbar. Die Gewichtsentwicklung zeigt sich
dagegen in einer Kurve mit angedeutetem *S-förmigen* Verlauf und langsamerer
Abflachung. Der Kurvenverlauf ist von den Wachstumszyklen geprägt, so zum

Beispiel vom Absetzen, von der Geschlechtsreife (bei Stutfohlen früher als bei Hengstfohlen) oder auch von zu früh geforderten Leistungen. Körpergröße (Widerrist- und Kreuzbeinhöhe) und Knochenstärke (Röhrbeinumfang) erreichen zuerst ihre Endwerte, deutlich vor der Körperlänge, der in kleinem Abstand das Ende der Breiten- und Tiefenentwicklung folgt. Das Längenwachstum der Knochen wird bei richtiger Ernährung eher als das Dickenwachstum abgeschlossen; ein mangelhaft aufgezogenes Fohlen bleibt deshalb schmal und hat lange, dünne Knochen.

Die äußere Form, die Gestalt des sich entwickelnden Tieres, ist die Folge bestimmter Wachstumsvorgänge. Charakteristisch ist, daß bei jeder, die Form verändernden Entwicklung die relative Wachstumsgeschwindigkeit der einzelnen Körperteile verschieden groß ist. Eindrucksvolles Beispiel für den dadurch ablaufenden Formenwandel im Verlaufe des Wachstums ist die Proportionsverschiebung vom neugeborenen Fohlen im extremen Hochrechteckmaß zum erwachsenen Pferd im Quadrat- bis Langrechteckformat.

Gestaltwandel wachsender Arabischer Vollblutpferde
(in Prozent der Widerristhöhe) (nach *Flade* (7))

Körpermaß	Geburt	6monatig	1jährig	2jährig	3jährig
Kreuzbeinhöhe	101,7	102,0	101,5	100,7	101,5
Rumpflänge	65,7	86,3	90,0	91,9	97,0
Brustumfang	81,4	97,0	104,7	109,1	116,6
Brustbreite vorn	19,5	22,8	24,6	23,5	25,1
Brusttiefe	30,4	38,2	41,1	41,3	44,6
Hüftbreite	21,0	26,7	29,3	31,1	33,0
Kopflänge	35,8	36,7	37,3	37,7	37,9
Röhrbeinumfamg	11,8	11,7	12,0	11,8	12,3
absolute Werte für die Widerristhöhe in cm	95,6	126,0	135,2	144,5	147,8

**Veränderung der Körperharmonie beim wachsendenVollblutaraber durch
die unterschiedlichen Zuwachsraten
(Stutfohlen, in % des Geburtsmaßes, Geburt = 100)**

(nach *Flade*(7))

	1/2 Jahr	1 Jahr	2 Jahre	3 Jahre
Wid. Höhe	131	141	151	155
Krzb.Höhe	132	141	150	154
Rumpflänge	130	143	150	161
V.Brustbreite	154	179	183	200
Brusttiefe	165	191	205	227
Hüftbreite	167	197	223	243
Rb.Umfang	130	143	150	161

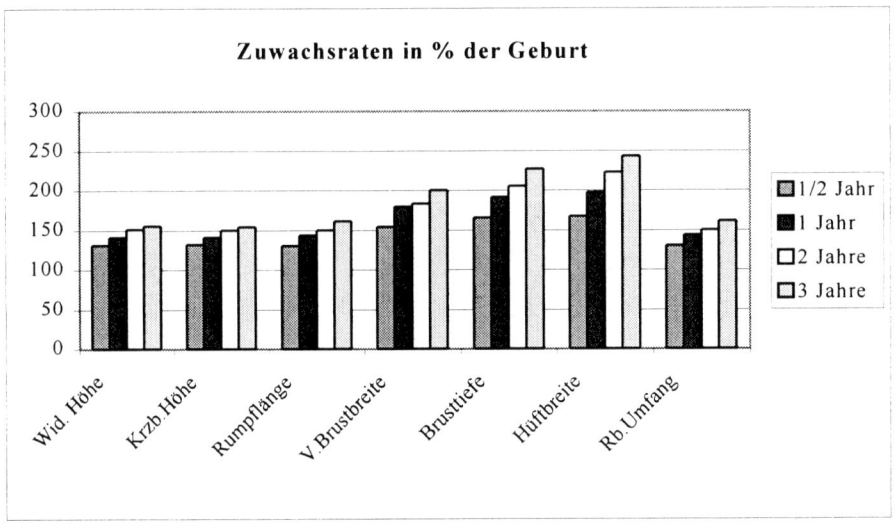

Erst zum Abschluß seiner gesamten Entwicklung erreicht das Fohlen sein end-
gültiges Körpergewicht. Seine richtige Ernährung und Haltung während der
Wachstumsperiode ist also für die spätere Lebens- und Leistungsfähigkeit des
Pferdes von entscheidender Bedeutung.

Das heißt aber auch, daß bei seiner Aufzucht darauf zu achten ist, daß sich nicht
nur die Körpermaße verändern, sondern parallel dazu auch die inneren Organe
entwickeln. Die Gestaltung des Stallklimas, ein Zwang zur aktiven Bewegung
(macht unter anderem hungrig und führt zu mehr Nahrungsaufnahme!), ausge-
dehnte Weidemöglichkeiten sowie die Schulung bestimmter Verhaltensweisen,

Spielende Junghengste. Das Spielen dient sowohl dem Training von Muskeln und Sehnen, als auch der gegenseitigen Erziehung.
Foto: T. Míček 1991

kurz also „artgerechte Tierhaltung", sind äußerst wichtige Kriterien. Die Gestaltung der Wachstumsperiode hat also für das erwachsene Pferd schwerwiegende morphologische und physiologische wie auch psychologische Konsequenzen.

Dabei ist beachtenswert, daß rassespezifische Vorgaben für die Endmaße bzw. das Endgewicht bestehen und das Fohlen unbedingt, also auch unter ungünstigen Ernährungsbedingungen, diese Endwerte zu erreichen versucht. Die Wachstumsgeschwindigkeit richtet sich nicht nach dem erreichten Alter, also nicht nach der Lebenszeit, sondern nach dem jeweils erreichten Körpergewicht. Beim Wildpferd (Equus Przewalskii), wie übrigens auch bei den Wildformen anderer Haussäugetierarten, nimmt die Wachstumsfähigkeit des Organismus in der Regel bis zum Erreichen der genetisch fixierten Endwerte mit der Zeit nicht oder kaum ab. Beim Hauspferd dagegen ist infolge der weit über das natürliche Maß hinaus geforderten Herausbildung hochleistungsfähiger und spezialisierter Atmungs- und Verdauungsorgane, eines strapazierfähigen Herz-Kreislauf-Systems sowie einer perfekten Bewegungsmechanik für Spitzenleistungen (Tempo, Springen usw.) eine optimale Fütterung und Haltung besonders während des Wachstums

Je jünger das Fohlen ist, desto fester ist die Bindung an seine Mutter. Sie ist lebenswichtig und darf durch den Menschen nicht gestört werden. Zechine *1980 mit Hengstfohlen *1984. Foto: J. E. Flade 1984

unumgängliche Bedingung für die Erfüllung des jeweiligen Zucht- und Nutzungszieles. Sind Ernährungs- und Haltungsniveau dafür zu niedrig und ist die Entwicklung des Fohlens besonders in den frühen Aufzuchtstadien gehemmt, so läßt sie sich nicht mehr nachholen und das Tier kann auch bei einer späteren Verbesserung seiner Situation die genetisch programmierten Merkmals- und Eigenschaftsqualitäten nicht erreichen. Es verbleibt so im Zustand einer bestimmten Unterernährung bzw. Unterentwicklung. Damit wird auch sein Wachstumsverlauf endgültig gestört. Ein solches Fohlen wird damit nachträglich zum Kümmerer, im Gegensatz zum - selten - lebensschwach geborenen „echten" Kümmerer.

Die Folgen von Überernährung und nicht artgerechter Haltung (zu wenig Bewegungsmöglichkeiten und Weidegang, zu viel Stallaufenthalt, schädliches Stallklima, zu frühes Absetzen usw.) haben ebenfalls äußerst ungünstigen Einfluß auf die Entwicklung des Fohlens, führen vor allem aber auch zu Folgeschäden (häufige Erkrankungen vor allem der Atmungsorgane und der Extremitäten, psychologisches Fehlverhalten, Mängel im Bewegungsapparat usw.). Deshalb müssen die Erfahrungswerte hinsichtlich seiner rassespezifischen Entwicklung bekannt sein und berücksichtigt werden. Nur so können Fütterungs- und Haltungsmaßnahmen für eine einwandfreie Aufzucht des Fohlens biologisch und auch ökonomisch günstig gestaltet werden. Dadurch, daß die Leistungsfähigkeit sportlich genutzter Pferde durch das komplexe Zusammenwirken zahlreicher Merkmale und Eigenschaften zustande kommt, sind dort die diesbezüglichen Forderungen besonders hoch; ihre Nichterfüllung bedeutet meist einen wirtschaftlichen Totalverlust.

3. 3 Säugeperiode

Das Fohlen soll nach der Geburt möglichst schnell die erste Muttermilch, also die Kolostralmilch, aufnehmen. Normalerweise sucht das Fohlen aufgrund der angeborenen Verhaltensweisen das Euter der Stute allein; man kann es gegebenenfalls stützen, damit diese Suche erfolgreich wird. Es wurde schon erwähnt, daß Euterschwellungen recht schmerzhaft sind und die Stute deshalb das Fohlen wegstößt. Hier helfen nur vorbereitende Maßnahmen (Euter schon vor der Geburt mit entspannenden Mitteln behandeln und bei Erstlingsstuten häufig berühren). Problematisch ist die mutterlose Fohlenaufzucht ohne Ammenstute; selbst wenn man Milchreserven verwendet, kann man vor allem in den ersten zwei bis drei Wochen das große und hochwertige Milchaufkommen einer Mutterstute von 15 bis 20 Liter/Tag nicht ersetzen, so daß es in der Regel immer Nachteile für die Entwicklung des Fohlens geben wird. Folgende Möglichkeiten sind üblich:

- Für die Verabreichung innerhalb der ersten etwa 24 Stunden Kolostralmilch bei einer anderen Stute abmelken und bei minus 20°C einlagern, zum Verfüttern dann auf Körpertemperatur bringen. Achtung: Davor keine „normale" Stuten- oder Ersatzmilch geben!
- Pferdetrockenmilch als Ersatz für reife Stutenmilch oder wegen ihres gegenüber der Pferdemilch zu hohen Fettgehaltes verdünnte Rindermilch (ein Drittel Wasser und pro Liter 20g Zucker zusetzen, lauwarm aufbereiten) geben - jeweils erst nach wenigstens 24 Lebensstunden.

Im Interesse einer optimalen Entwicklung muß dem Fohlen eine regelmäßige und ausreichende Milchaufnahme möglich sein, vor allem in den ersten Le-

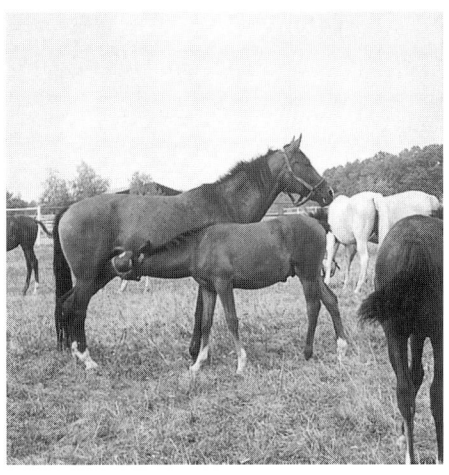

Im Durchschnitt von fünf Monaten gibt eine Araberstute täglich etwa 14 Liter Milch. Aber noch im sechsten bis achten Monat lohnt sich das Milchaufkommen für die Stabilisierung von Gesundheit und Kondition des Fohlens.
Foto: Topolčianky/J. E. Flade 1971

benswochen. Gesunde Fohlen haben gleich nach der Geburt großen Appetit, der sich in hoher Saughäufigkeit niederschlägt und die Stute so von vornherein zu einer hohen Milchabgabe anregt. Mit zunehmendem Wachstum lassen Saughäufigkeit und die tägliche Gesamtsäugezeit nach, damit auch die Milchabgabe der Stute. Dennoch bleiben Menge und Qualität der Milch hoch und bilden die entscheidende Grundlage für die artgerechte Aufzucht des Fohlens in den ersten fünf bis sechs Monaten, damit also auch für seine weitere Entwicklung. Die Milchmenge ist abhängig vom Gewicht der Stute und von ihrer Stoffwechselintensität. Letzteres erklärt auch die relativ sehr hohe Milchleistung von Stuten kleinerer Rassen und von Ponystuten.

Verdoppelung des Geburtsgewichtes beim Pferd (nach *Flade* (7))

Rasse	Geburtsgewicht	Zeitraum bis zur Verdoppelung des Geburtsgewichtes	Muttermilch aufnahme bis zur Verdoppelung des Geburtsgewichtes	Zunahme des Fohlens je kg aufgenommener Muttermilch
Kaltblut (mecklbg.)	55,8 kg	29,2 Tage	512,0 kg	0,11 kg
Warmblut (trak. Abst.)	51,9 kg	35,3 Tage	576,0 kg	0,10 kg
Arabisches Vollblut	44,0 kg	41,0 Tage	615,0 kg	0,07 kg

Eine gute Mutterstute führt und erzieht ihr Fohlen bis ins hohe Alter, in diesem Falle von 20 Jahren. Menha OA *1974/El Zahraa
Foto: H. Reinhard 1994

Die Zunahmen der Fohlen in den ersten Lebenswochen sind beachtlich. Die Zeit bis zur Verdoppelung des Geburtsgewichtes ist von der früheren oder späteren Reife der jeweiligen Rasse abhängig: Das Warmblutpferd benötigt etwa 20 Prozent mehr Zeit dafür als das frühreifere Kaltblutpferd, arabische Rassen noch etwas mehr, da ihre Zunahmen pro Zeiteinheit geringer sind.

Zur richtigen Entwicklung des Fohlens gehören schon während der Säugezeit die Zufütterung von Konzentratfutter, der regelmäßige Auslauf und Weidegang mit der Mutter. Bei künftigen Fahr-, Reit- und Rennpferden ist der mit der dabei erfolgenden aktiven Bewegung verbundene konstitutions- und trainingsvorbereitende Effekt besonders wichtig. Im Durchschnitt einer fünfmonatigen Säugezeit als Minimum für ein auf Ausdauer und Schnelligkeit gezüchtetes Pferd ergibt sich der 24-Stunden-Rhythmus für das Fohlen annähernd wie folgt:

- 50% Ruhe und Schlaf
- 30% Weidegang und Auslauf
- 10% Stallaufenthalt
- 6% Muttermilchaufnahme
- 4% Konzentratfutteraufnahme.

Ist das Fohlen noch „frisch", sind Tiefen- und Breitenentwicklung vorerst gering, die längswachsenden Skeletteile einschließlich des Kopfes jedoch schon weit entwickelt. Deshalb ist dieses einmonatige AA-Stutfohlen derzeit hochbeinig und kurz. Finesse La Première ∗1995.
Foto: U. Kern-Goßmann 1995

Das Absetzen des Fohlens von der Stute soll möglichst spät erfolgen und richtet sich nach seiner rassegebundenen Reifezeit. Dazu wird im Abschnitt „Fütterung" noch gesondert berichtet.

3. 4 Periode nach dem Absetzen

Wie im Abschnitt 3.2 erläutert wurde, ergibt das Neugeborene die Gestalt eines hochbeinigen, schmalen und kurzen Tieres mit verhältnismäßig langem, schmalem Kopf und kurzem Nasenteil. Durch zweckmäßige Ernährung muß also vor allem der Nachholbedarf für die Breiten- und Tiefenentwicklung sowie die Länge des Rumpfes, aber auch für die Stirnbreite und Maulteillänge abgedeckt werden. Der genetisch festgelegte Gesamtzuwachs für die Höhenmaße (Widerrist, Kreuzbein usw.) und die Skelettstärke (Röhrbeinumfang) tritt demgegenüber deutlich zurück.

So ergibt sich, daß das Wachstum zunächst besonders intensiv erfolgt, unabhängig von der Rassezugehörigkeit des Fohlens. Die Höhenmaße sowie der Röhrbeinumfang erreichen schon am Ende des ersten Lebensjahres 80 bis 90 Prozent der möglichen Endwerte. Die Ausbildung der Breite und Tiefe von Brust und Becken, der Rumpflänge, Stirnbreite und Nasenlänge im gleichen Alter ist erst zu etwa 60 bis 70 Prozent erfolgt; selbst am Ende des dritten Lebensjahres sind erst etwa 85 bis 95 Prozent der Endwerte erreicht. Ernährungsseitig muß diesen Tatsachen Rechnung getragen werden. Es kommt besonders darauf an, die notwendigen rassespezifischen Mindestmaße für die Höhe sowie für eine richtig proportionierte Breiten- und Tiefenentwicklung des in die Zucht und Ausbildung genommenen Jungpferdes zu erreichen.

Die anzustrebenden Widerristhöhen sollten bei Dreijährigen etwa sein:

- Arabisches Vollblut 150 cm
- Shagya-Araber 155 cm
- Anglo-Araber 160 cm.

Entwicklung der Widerristhöhe beim Vollblutaraber
(nach *Flade* (7))

Geburt	96
6. Monat	126
12. Monat	135
24. Monat	145
36. Monat	148
48. Monat	150
60. Monat	152

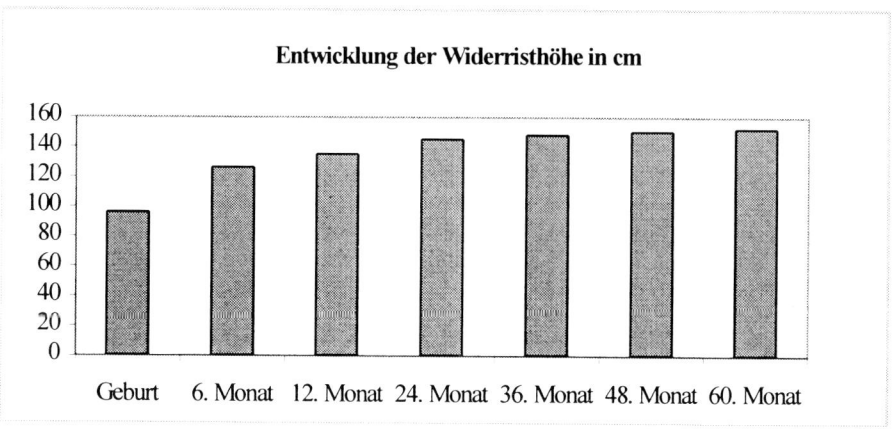

3. 5 Besonderheiten arabischer Rassen

Das Geburtsgewicht des Vollblutarabers beträgt etwa 9 bis 10 Prozent des Gewichtes der Mutter. Es liegt also bei 40 bis 45 kg. Die Verdoppelung seines Geburtsgewichtes liegt wenigstens bei etwa 40 Tagen, beim Warmblutpferd bei 35 und beim Kaltblüter bei 30 Tagen; dies ist ein Hinweis auf die langsamere

Trotz des allmählichen spielerischen Lernens der Bewegungskombinationen beherrscht dieses arabische Vollblut-Stutfohlen den Trab hervorragend.
Foto: W. G. Olms/Treis 1989

Wachstumsgeschwindigkeit des Arabers, der demzufolge auch einen späteren Wachstumsabschluß aufweist als frühreifere Pferderassen. Das Endgewicht wird mindestens zwei Jahre später als beim Kaltblutpferd erreicht. Es ist anzunehmen, daß mangelhaft ernährte und gehaltene „Araber" in bestimmten Regionen noch langsamer wachsen oder bei der oft zwangsläufig notwendigen zu frühen Zucht- und Arbeitsleistung in ihrer Entwicklung zu einem Zeitpunkt stehenbleiben, in dem diese noch nicht abgeschlossen ist. Die Zunahme des Gewichtes ist zwar weitgehend ernährungsgebunden, aber es gibt dennoch kleine, genetisch bedingte Unterschiede zwischen den arabischen Rassen und auch innerhalb des Vollblutarabers.

Ähnlich der Gewichtsentwicklung sind die Verhältnisse bei den einzelnen Körpermaßen. Die Beziehungen des Wachstumstempos der einzelnen Körperteile zueinander sind natürlich gleich denen bei anderen Pferderassen. Ihnen gegenüber ist lediglich das Gesamtwachstum verlangsamt, wobei kaum regionale Unterschiede bestehen.

Gewichtsentwicklung beim Vollblutaraber (nach *Flade* (7))

	Ende 1. Jahr Zunahme %	Ende 2. Jahr Zunahme %	Ende 3. Jahr Zunahme %
Arab.Vollblut	580	740	900
Warmblutpferd	600	840	960
Kaltblutpferd	720	950	1150
Haflinger	620	850	1030

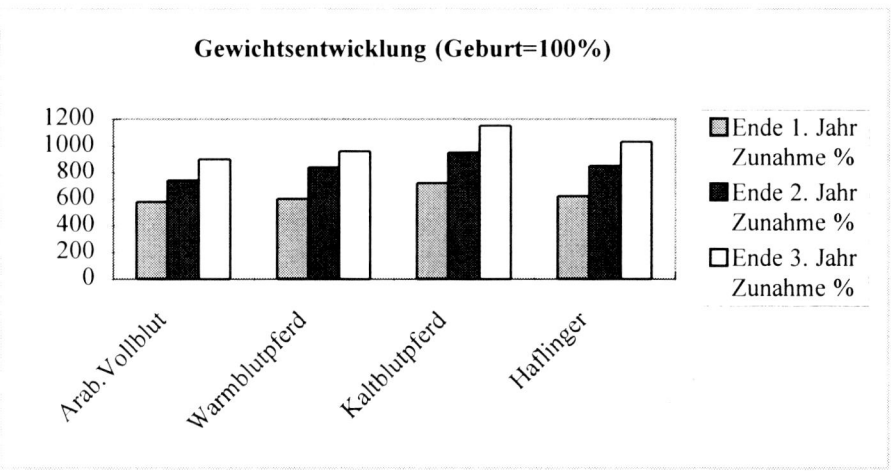

Die Körperharmonie erfährt während des Wachstums allgemein die bei Pferden übliche Veränderung. Gemessen an der Widerristhöhe entwickelt sich die Kreuzbeinhöhe etwas langsamer, so daß aus dem ursprünglich überbauten Fohlen ein Tier mit etwa der Widerristhöhe angeglichener Kreuzbeinhöhe wird. Die Rumpflänge wächst, wie schon besprochen, bedeutend rascher als die Höhenmaße; das zunächst hochrechteckige Fohlen formt sich zu einem im Quadratformat stehenden Araber. Brust und Kruppe wachsen ebenfalls schneller als die Widerristhöhe, die bereits zum Zeitpunkt der Geburt relativ groß angelegt ist. Der Röhrbeinumfang erweitert sich in seiner Beziehung (Prozent) zu den Höhenma-

Natürliches Antrittsvermögen, Raumgriff und Gleichgewicht zeichnen diesen in Deutschland gezüchteten Hengst aus, der heute in den Vereinigten Arabischen Emiraten als Hauptbeschäler steht. Hamasa Nasran *1983/Treis, B.: Gestüt HH Sheikh Zayed Bin Sultan Al Nahyan
Foto: W. G. Olms 1996

ßen nur ganz geringfügig. Ebenso bleiben die Maße der Kopfteile zueinander nahezu unverändert. Allerdings verlangsamt sich das Wachstum der Stirnlänge gegenüber der Gesamtkopflänge und der Stirnbreite; der Gesichtsschädelteil vergrößert sich also intensiv. Durch den langsamer wachsenden Stirnteil rücken demzufolge die Augen langsam „nach oben" und die charakteristische Kopfform des „Arabers" entsteht. Auch die Schärfe der Konturen wird größer, wobei der Geschlechtsunterschied immer deutlicher hervortritt und sich schließlich der erwachsene Vollblutaraber in der klassischen Schönheit seiner gesamten Gestalt widerspiegelt.

4. FÜTTERUNG

4.1 Einige anatomische und physiologische Grundlagen

Alle Equiden, so auch das Pferd, haben sich im Verlaufe der Evolution zu Pflanzenfressern entwickelt. Ihre Verdauungsorgane sind dementsprechend ausgebildet. Im Gegensatz zu anderen Haustierarten ist das Pferd ein „Dauerfresser". Typisch dafür sind unter anderem der im Verhältnis zu seiner Körpergröße kleine Magen, ein mittellanger Dünndarm und ein sehr voluminöser Blind- und Dickdarm.

Erwachsene Pferde nehmen täglich wenigstens etwa 12 Stunden lang Futter auf. Bei Grasnahrung oder Grünfütterung müssen sie ihren Magen täglich mehrfach füllen, weil der dort angedaute Futterbrei ständig an den Dünndarm weitergegeben wird.

Mittlere Durchgangszeiten fester Nahrung durch den Verdauungskanal beim Pferd von etwa 500 kg Gewicht (nach *Flade* (8))

Abschnitt des Verdauungskanals	Durchgangszeit etwa	Fassungsvermögen etwa	Länge etwa
Maulhöhle bei gründlichem Kauen	30 bis 60 Sekunden	-	-
Durchgangszeit durch die Speiseröhre	12 Minuten	-	-
Aufenthalt im Magen	13 Stunden	18 Liter	-
Passage des Dünndarms	5 bis 6 Stunden	64 Liter	16- 24 m
Aufenthalt im Blinddarm	18 Stunden	34 Liter	1 m
Durchgangszeit durch den Dickdarm	18 bis 24 Stunden	96 Liter	6 bis 9 m

Das Pferd frißt solange, bis das Hungergefühl aufhört. So verhält es sich auch bei anderen Futtermitteln. Kommt es ungestört zur Futteraufnahme aus einer versehentlich offen gebliebenen Haferkiste, so frißt es, bis es satt ist; da Konzentratfuttermittel jedoch nachträglich stark quellen, das Pferd aber bekanntlich nicht erbrechen kann und dazu eine Überdehnung des Magens dessen Ausgang blockiert, kommt es in der Folge zum Bersten der Magenwand und damit zum Tod des Tieres.

An die oben genannten etwa 12 Stunden Verzehrszeit halten sich die Pferde generell, auch bei unterschiedlichem Futterangebot. Daher kommt es auch, daß Pferde zu fett werden oder bei zu geringem Angebot abmagern, auch wenn sie mehr als 12 Stunden pro Tag für die Futteraufnahme zur Verfügung haben.

Insgesamt müssen Pferde zur Sättigung viel Rohfaser aufnehmen. Auch wenn die notwendigen Bestandteile einschließlich Mineralstoffen und Vitaminen in genügender Menge in der Ration enthalten sind (Zusatzgaben mit dem Tierarzt beraten), ist die Sicherung des Rohfaseranteiles besonders zu beachten. Nachstehend wird diese Notwendigkeit mit den speziellen Eigenarten des Verdauungssystems und den Verhaltensweisen beim Pferd kurz begründet.

Zunächst: Der Aufbau des Verdauungsapparates beim Pferd entspricht *prinzipiell* dem anderer Säugetierarten. Die Verdauung beginnt mit der Nahrungsaufnahme durch Lippen, Schneidezähne und Zunge sowie der gründlichen Zerkleinerung der Futterstoffe durch die Backenzähne.

Eine entscheidende Rolle bei der Futtersuche und -aufnahme spielen die ausgeprägten Sinnesleistungen des Pferdes, die rassespezifisch und individuell erheblich differenziert sind. Vor allem Geruchs-, Geschmacks- und Tastsinn sind dabei von Bedeutung.

Das Erwarten von Futter und Tränke ist häufig mit Vorderbeinscharren verbunden. Im Gegensatz zu anderen Pflanzenfressern, beispielsweise zum Rind, wird beim Weiden ein Vorderbein weiter nach vorn gestellt, damit das Futter besser erreichbar ist. Durch ruckartige Kopfbewegungen rupft das Pferd das Futter mit den Schneidezähnen ab, kaut und schluckt es. Lippen und Zunge sammeln lose Pflanzenteile, Häcksel und Körner, wobei die gewünschten Bestandteile durch diese „Sammelbewegung" vorrangig heraussortiert werden können, aber unerwünschte, zum Beispiel Kerne oder Fremdkörper, entfernt werden. Die Sortierung wird wesentlich durch die Geruchsorientierung vorgenommen und ist perfekt. Durch häufiges Schnauben entfernt das Pferd Staub und lose Futterbestandteile aus den Nüstern - nicht etwa aus der Krippe. Die Lippen des Pferdes besitzen ein hervorragendes Tastempfinden, das die Auswahl des Futters neben dem Geruchssinn bestimmt und so beispielsweise die Aufnahme von Fremdkörpern ausschließt. Beim Verzehr von Körnerfutter lassen die Pferde meist ganz geringe Mengen wieder herausfallen; sie nehmen auch während des Kauens Futter auf, wozu sie die Maulspalte öffnen müssen.

Das Kauen besteht im An- und Abziehen sowie in seitlicher Bewegung des Unterkiefers. Je nach Futterstruktur werden die Futterstoffe mit den sehr beweglichen Lippen erfaßt und den Schneidezähnen zugeführt. Das Einschieben der Nahrung zwischen die äußerst kräftigen Backenzähne wird durch Zunge und Backen besorgt. Kurzfutter wird gründlich mit den Lippen sortiert, portioniert und ebenfalls mit der Zunge zwischen die Backenzähne gebracht. Die Schneidezähne spielen dabei keine oder nur eine geringe Rolle. Feste Futtermittel wie Hackfrüchte werden vorwiegend mit den Schneidezähnen erfaßt, zum Teil auch abgebissen.

Damit beginnt die Verdauung im Maul, da die Speichelsekretion beim Pferd vorwiegend durch den mechanischen Reiz des Kauens ausgelöst wird. Der Speichelfluß ist von Menge und Zusammensetzung des Futters abhängig. Das Pferd kaut periodisch jeweils auf einer Seite, wobei maximal alle 40 Minuten gewechselt wird. Es scheint, daß jeder Bissen auf der aktiven Seite vollständig zerkaut wird, ehe der Wechsel erfolgt. Je nach der jeweils aktiven Kauseite geben die betreffenden Speicheldrüsen mehr Sekret ab. Entsprechend der Händigkeit (Rechts- oder Linkshändigkeit oder „neutral") erfolgt der Kauausschlag zu etwa 80% nach der Seite der Händigkeit.

Die tägliche Speichelmenge schwankt beim Pferd rasse- bzw. gewichts- und leistungsabhängig und richtet sich nach der sonstigen Wasseraufnahme. Bei arabischen Rassen liegt sie bei geringer Arbeit zwischen fünf und acht Litern (ausschließlich Saftfütterung) und 30 und 40 Litern (ausschließlich Trockenfütterung) täglich.

Die Kautätigkeit ist von Menge und Struktur des aufgenommenen Futters sowie vom Alter, Nerventyp und von der Kautechnik des Pferdes abhängig. Das Pferd macht etwa 80 Kieferschläge pro Minute. Zum Kauen eines Bissens (20 bis 100 Gramm) benötigt es 30 bis 50 Kieferschläge, was etwas 25 bis 40 Sekunden dauert. Bei starkem Appetit schlingt das Pferd zwei Bissen je Minute, bei weniger Freßlust einen Bissen und weniger pro Minute; zu Anfang einer Mahlzeit wird also schneller gekaut und häufiger geschlungen als gegen Ende. Pferde mit übergroßem Appetit schlingen, kauen also nur ungenügend.

Flüssigkeiten werden durch Aufsetzen und flaches Eintauchen der Lippen über eine schmale Lippenspalte durch Abziehen des Unterkiefers und Zurückziehen der Zunge in die Maulhöhle gesaugt. Das geschieht etwa fünfmal, bevor, meist nach einer Pause, das Abschlucken erfolgt. Zu Beginn des Trinkens wird die Zunge einige Zentimeter vorgestreckt; es werden oft Kaubewegungen oder auch ein Belecken der Lippen sichtbar, wobei viel Flüssigkeit verloren geht. Die Schluckbewegungen sind fast immer mit einer synchron gekoppelten, ruckartigen Bewegung der halb zurückgedrehten Ohrmuscheln verbunden. Beim Trinken hat das Pferd das Bestreben, den Kopf so zu halten, daß er mit dem Hals zusammen eine annähernd gerade Linie bildet.

Die vorstehenden allgemeinen Aussagen lassen sich auch auf Saugfohlen und Jungpferde anwenden. Das Fohlen saugt mit den Lippen die Milch aus dem Euter der Mutter. Das bei jungen Fohlen, ausnahmsweise auch noch bei zwei- und dreijährigen oder älteren Pferden, zu beobachtende zu tiefe Eintauchen der Nüstern in die Wasseroberfläche beim Saufen oder auch das Hineinbeißen in die Wasserfläche ist offensichtlich durch mangelnde Erfahrung bedingt; das Fohlen lernt ja neben der Muttermilchaufnahme zunächst das Aufsammeln und Kauen von Gräsern, Heu und anderem. Erst nach deutlicher Reduzierung der Stutenmilchmenge oder dem Absetzen wird es mit der Wasseraufnahme vertraut. Das bei Pferden verbreitete Schlagen mit den Vorderbeinen auf die Wasseroberfläche dient wahrscheinlich der Geruchsprüfung und dem Heraufholen des kühleren (= „frischeren") Wassers.

Aus der Eigenart des Verdauungssystems beim Pferd ergeben sich bestimmte Durchgangszeiten für die aufgenommene Nahrung und für die Tränke, die in der praktischen Pferdehaltung zu beachten sind.

Dem angeborenen Nahrungsaufnahmeverhalten des Pferdes entsprechend wird im Interesse einer sicheren Funktion seiner Verdauungsorgane, vor allem des Darmes, eine tägliche, ruhige Bewegung gefordert. Zur Vermeidung von Stalluntugenden soll das Futterangebot einen hohen Rauhfutteranteil enthalten, damit die Tiere möglichst lange beschäftigt sind. Das gilt besonders für Turnierpferde, die meist, vor allem während der wettkampfarmen Periode, nicht mehr als zur täglichen Ausbildungs- und Trainingsstunde aus dem Stall kommen; es kann aber auch für Freizeit- und Rennpferde von Bedeutung sein.

Vom Wildstand - etwa 16 Stunden „Dauerfressen" pro Tag - ist abzuleiten, daß dem Pferd ein häufigeres Füttern wesentlich zuträglicher ist, als die - oft aus

Das Pferd frißt selektiv und prüft die Futterstoffe mit der Nase - nicht etwa mit den Augen.
Foto: Janów Podlaski/J. E. Flade 1990

arbeitswirtschaftlichen Gründen - vielfach übliche Verabreichung in drei oder sogar nur zwei Mahlzeiten. Füttert man aber täglich mehrfach, so

- wird weniger Konzentrat verbraucht, um den gleichen Ernährungs- und Lei-
  stungsstatus des Pferdes zu erreichen (bessere Ausnutzung),
- werden Untugenden infolge Langeweile oder auch Rohfasermangel eingeschränkt,
- fallen Magen-Darm-Erkrankungen, vor allem Koliken, infolge Überlastung des
  Verdauungsapparates völlig weg und
- kann auf einen bestimmten Anteil Konzentrat zugunsten von Weide oder Grün-
  bzw. Rauhfutter verzichtet werden.

Natürlich sind hierbei Nutzungsintensität und -dauer des Pferdes im Verlaufe der 24 Stunden zu berücksichtigen. Grundsätzlich gilt aber unabhängig davon, daß die Abendmahlzeit sowie das nächtliche Nachfüttern bis zur nächsten Fütterung, also des Morgenfutters, im obigen Sinne ausreichen muß. Empfehlenswert ist eine fünfmalige Fütterung in 24 Stunden, zeitlich auf die tägliche Arbeit des Pferdes abgestimmt. Je weniger es beschäftigt ist, desto umfangreicher sollten Rauhfutteranteil oder Weidegang auf weniger guten Flächen sein.

4. 2 Einflüsse durch das Pferd
(siehe auch Abschnitt 5 „Verhaltensweisen")

Nachstehend werden die wichtigsten Einflüsse, die sich aus dem Verhalten des Pferdes auf seine Nahrungsaufnahme ergeben, kurz dargestellt. Sie sind von fundamentaler biologischer Bedeutung und bei der praktischen Pferdeernährung sorgfältig zu berücksichtigen. Ihre Beachtung verwirklicht zugleich auch die Ausschöpfung einer umfangreichen Reserve, die eine Verbesserung der Futter-ökonomie in der Pferdehaltung und eine allgemeine Leistungserhöhung des Pferdebestandes zur Folge hat.

In der Praxis ist das auffällig unterschiedliche Verhalten der Pferde bei der Futteraufnahme zu berücksichtigen. Manche Pferde verzehren ruhig und bedächtig; sie nehmen Leckerbissen vorsichtig von der Handfläche und verstreute Futtermittel ruhig vom Boden auf. Ebenso sind sie auf der Weide verträglich. Andere wiederum fressen und saufen überhastet und sind aggressiv. Mit Tricks versuchen sie, das Futter des Nachbarn mit aufzunehmen und ihn aus seiner Krippe zu verdrängen, schnappen nach mit der Hand gereichten Futtermitteln und schaben die Handfläche des Fütterers mit den Zähnen blank. Im allgemeinen überwiegt der starke Nahrungstrieb deutlich.

Infolge des beim Pferd besonders ausgeprägten Zeitsinns, der mit Gewohnheiten wie Füttern, Heimkehr zum Stall, Aus- und Eintrieb, Trainingsbeginn und -ende und anderem verbunden ist, ergibt sich sein Empfinden zum Beispiel für die Fütterungszeit mit den entsprechenden physiologischen Konsequenzen wie Speichelfluß, Beginn oder Ende der Verdauungstätigkeit. Deshalb ist in der Pferdehaltung die Regelmäßigkeit aller Arbeitsgänge wie Fütterung, Stallarbeit, Training, also das Einhalten bestimmter Ordnungen, unbedingt notwendig und eine entscheidende Grundlage für das Wohlbefinden des Pferdes. Unregelmäßigkeit bewirkt Unruhe in der Gruppe und beim Einzeltier. Sie ist Quelle von Unfällen, Körperschäden, Leistungsabfall, Wachstumsstörungen oder Dysstreßwirkungen.

Da das Pferd zu den „Tagtieren" gehört, vollziehen sich Aktivitäts- bzw. Ruheverhalten entsprechend. Diesem Grundschema ist Rechnung zu tragen; es ist

Tadellos heranwachsendes Hengstfohlen. Seine Energie zeigt sich in dieser optimalen Schwebephase im Trab. Hamasa Saad *1990/Treis
Foto: T. Míček 1990

aber trainierbar, so daß sich ein Pferd auch an einen zeitlich stark versetzten neuen Standort allmählich gewöhnen kann (man denke an interkontinentale Flugzeugtransporte von Renn- und Reitpferden). Sein Zeitsinn ordnet sich in dieses Schema ein, das zahlreichen Einflüssen ausgesetzt ist. Diese ergeben sich aus der Nutzung des Pferdes, seiner Haltung, seinem Gesundheitszustand und den örtlichen Gegebenheiten. Sein Lebensalter - wachsend bzw. erwachsen (= erfahren) spielt dabei eine dominierende Rolle.

Zwei Besonderheiten, die nahezu unabhängig vom Aktivitäts- oder Ruheverhalten und seiner Periodizität eintreten, sollen aus praktischen Gründen, vor allem für die Haltung von Turnier- und Rennpferden, noch erwähnt werden: Zum einen fressen Pferde allgemein in Gesellschaft besser und wollen dabei ungestört sein. Zum anderen verweigern aufgeregte Pferde häufig das ihnen gebotene Futter und Wasser. Bei Angst, Schreck, Aggressionsabsichten oder Schmerz ist das sofortige Erlöschen der normalen Darmfunktion möglich und kann viele Stunden andauern. In der Wettkampfsaison oder während der Deckzeit sind länger andauernde Nahrungsverweigerung und damit eventuell Leistungsabfall zu erwarten, weil eben andere Bedürfnisse einschließlich des hohen Erregungsstatus des Nervensystems den Vorrang haben (vgl. „Liebeskummer", auch beim Menschen). Es kommt aber auch bei Pferden vor, daß sie bei Mangel an Möglichkeiten, ihren natürlichen Verhaltensmustern zu entsprechen, unnatürlich viel fressen. Diese Fehlreaktion hilft ihnen, zur Ruhe zu kommen (vgl. das Rauch- und „Freß"bedürfnis beim Menschen).

Freßintensität beim Weidegang in Abhängigkeit von der Außentemperatur - 24 Stunden (nach *Flade/Gleß* (9))

	Gesamt freßzeit	davon 6 bis 18 h	18 bis 6 h
Heiße Tage	9.4 h	26.7 %	73.3 %
Kühle Tage	13.0 h	50.1 %	49.9 %

Bedeutsam ist, daß das auf der Weide übliche und infolge der geringeren Nährstoffkonzentration des Weidefutters auch notwendige fast ständige Grasen dem Pferd wenig Zeit zu anderen Handlungen läßt. Bei Stallhaltung mit nur wenigen Fütterungszeiten und Verabreichung energiereicher Futtermittel, die schnell gefressen werden, bleibt ihm dagegen viel Zeit zu meist negativen Verhaltensweisen, die aus Langeweile auftreten. Bei ungenügender Auslastung des Bewegungs- und Spieltriebes sowie der damit verbundenen Aktivitäten kommt es deshalb zum Weben, Kettenrasseln, Koppen, zum Beknabbern von Stalleinrichtungen oder zum Enthalftern des Nachbarpferdes. Es ist deshalb zu überlegen, inwieweit der Stallaufenthalt der Pferde sinnvoll begrenzt und durch Auslauf, Weidegang oder aktive Bewegung ersetzt werden muß, und welche Möglichkeiten bestehen, Pferde in Boxen oder Laufställen aufzustallen und auf die Haltung im Stand zu verzichten.

Auch bei unserer Hauspferdehaltung muß stets davon ausgegangen werden, daß die Grundsätze der Nahrungsaufnahme des Wildpferdes auch nach der Domestikation unverändert geblieben sind. Biologisch normal ist daher für das Pferd:

- häufige oder sogar fast ständige Futteraufnahme,
- vorwiegende Aufnahme nährstoffarmer Pflanzen,
- Futteraufnahme bei ständiger Bewegung.

Halbwild oder wild lebende Hauspferdepopulationen, beispielsweise das Exmoor-Pony, sowie die meisten Klein- und Landpferderassen (Osteuropa und

Asien), sind noch mehr oder weniger in ihrem Ernährungsregime auf die regionalen Verhältnisse festgelegt, oft schon über Jahrhunderte. Für sie gelten die obigen Regeln weitgehend.

Für den Vollblutaraber und die von ihm stark beeinflußten Rassen, zum Beispiel den Shagya-Araber, trifft das sinngemäß ebenfalls zu; seine angeborene „Leichtfuttrigkeit" ist sprichwörtlich und ein besonders positives Merkmal.

Andere hochgezüchtete Rassen, zum Beispiel der Englische Vollblüter und die mit ihm zunehmend mehr genetisch verbundenen hochleistungsfähigen Reitpferderassen, müssen infolge der an sie gestellten hohen Leistungsanforderungen (Training, Wettkampf) anders, nämlich insgesamt wesentlich energiereicher und mit höherer Energiekonzentration in der Futterration ernährt werden. Hier gilt:

- nur wenige Mahlzeiten am Tag,
- Aufnahme konzentrierter Futtermittel,
- Futteraufnahme im Stehen.

Dieser Wandel des Ernährungsregimes gegenüber dem Wildstand hat ganz erhebliche Einflüsse auf den psychologischen und physiologischen Status des einzelnen Pferdes und ist bei seiner Haltung sorgfältig zu beachten.

Das Bewegungsverhalten des Pferdes bei der Nahrungsaufnahme ist, wie bei einigen anderen Tierarten auch, grundsätzlich nach vorn gerichtet; zudem macht dem Pferd das Rückwärtstreten erhebliche Schwierigkeiten und ist unnatürlich. Diese Tatsache muß beim Anbinden von Pferden, beim Anlegen von Fußfesseln usw. berücksichtigt werden: Pferde tüdern sich beispielsweise um einen Baum oder Pfahl auf, können aber nicht wieder zurückfinden.

Die Tatsache, daß der ausgeprägte Nahrungstrieb des Pferdes zum Beispiel Hemmungen aller Art überlagern kann, wird vielfältig genutzt, um angeborenes Verhalten, das vom Menschen nicht erwünscht ist, in erwünschtes umzuwandeln. Das Überwinden von Zögern oder Scheu allein durch Zeigen oder Verabreichen begehrter Futtermittel gehört - wie auch bei anderen Tierarten - zu den traditionellen Methoden, schwierige und unnatürliche Aufgaben mit dem Pferd konfliktloser und damit effektiver zu lösen.

Die Kontaktaufnahme und -pflege zwischen Mensch und Pferd geht weitgehend „durch den Magen". Hier spielen Füttern und Tränken die entsprechende Rolle und es ist schon aus diesem Grunde richtig, demjenigen die Fütterung - im übrigen auch die Pflege - des Pferdes zu übertragen, der ständig mit ihm umgeht und

Zweijährige Halbschwestern vom arabischen Vollbluthengst Naheed (*1984): Sie sind durch die Mütter unterschiedlicher Herkunft, jedoch gleichmäßig gut entwickelt. Sie wachsen aber noch je nach Rasse bis wenigstens zum vierten Lebensjahr. Das ist bei Ernährung und erster Nutzung zu beachten. V. l. n. r.: Arabisches Vollblut, Trakehner, Anglo-Araber, alle *1995.

Foto: U. Kern-Goßmann

etwas von ihm will. Daß man ständig etwas Freßbares in der Tasche haben sollte, ergibt sich daraus von selbst; das Pferd kann über seinen Geruchssinn mit Sicherheit den dargereichten Leckerbissen mit der Person verbinden, die ihn anbietet. Infolge des zeitlich großen Umfanges - die schon erwähnten etwa 12 Stunden -, den das Pferd für die Nahrungsaufnahme aufwendet, hat eine gelegentliche Gabe einer Delikatesse kaum Gewicht. Aber die Verbindung des Menschen mit dem Leckerbissen baut beim Pferd Vertrauen auf und Angst oder Hemmungen ab. Sie ist damit geeignet, auch unnatürliche Aufgaben, die vom Menschen gefordert werden, widerstandsloser zu lösen. Jedoch ist das Pferd nicht in der Lage, eine Beziehung zwischen Leckerbissen und Arbeit herzustellen, sondern eben nur mit dem Menschen, der ihm für die erbrachte oder zu erwartende Leistung etwas Gutes bringt, also im Sinne des Lob-Tadel-Prinzips handelt. Das wirkt allerdings nur, wenn Belohnung (= Lob) oder Weglassen der erwarteten Belohnung (= Tadel) sofort erfolgen, da das Kurzzeitgedächtnis des

Pferdes nicht einmal zehn Sekunden beträgt (siehe Abschnitt 5.3 „Verhaltensprogramme beim Pferd").

Einflüsse der Rangordnung
(siehe auch Abschnitt 6 „Haltung und Pflege")

Bei Füttern und Tränken muß dafür gesorgt werden, daß unter den Pferden keine Rivalität aufkommt, die ja durch ihren starken Nahrungstrieb ausgelöst wird. Besonders bei der Stallfütterung ist die Rangfolge innerhalb eines Paares oder der Gruppe zu beachten, weil die Fläche zum Ausweichen meist nicht ausreicht. Hier verteidigt das Pferd in der Regel seinen Futterplatz nur solange, wie es Futter aufnimmt. Hat es das Maul voll, läßt es sich aus der Krippe oder der Tränke auch durch ein rangniederes Tier wegdrängen; ist das Maul wieder leer, drängt es wieder zum Futterplatz. Es sind also genügend große Krippenlängen, Futteraufnahmeflächen und Tränkmöglichkeiten zu schaffen, damit eine annähernd gleiche Möglichkeit der Futter- und Wasseraufnahme für jedes Gruppenmitglied gegeben ist. Nur so sind optimaler Wachstumsverlauf bei Fohlen, Futterzustand und Vermeidung von Unfällen und Verletzungen im Pferdebestand zu sichern. Der Futterplatz wird verteidigt, wenn ein Angriff vermutet wird. Das verlangt unter anderem eine Trennung der Pferde im Stall durch Schlagbäume, Standwände oder Boxen, auch um den Menschen zu schützen. Das Pferd frißt erst dann weiter, wenn es keinen Grund zur Verteidigung findet. Es ergibt sich aus dem Vorstehenden, daß die Berücksichtigung der Rangordnung in der Praxis eine große Bedeutung hat, die sich nicht nur auf die Nahrungsaufnahme bezieht. Auch bei individueller Fütterung im Stall ist die Rangfolge zu berücksichtigen und richtig zu beurteilen. So ist es zum Beispiel unsinnig, ein drängelndes, also ranghohes Tier mit Futter oder Wasser warten zu lassen, in der Annahme, es auf diese Weise zur Geduld zu erziehen.

Einflüsse der Sinnesleistungen

Das Pferd orientiert sich bei der Futter- und Wasseraufnahme im wesentlichen mit seinem vorzüglichen Geruchs- und Geschmackssinn. Anfänglich verhält es sich ablehnend gegenüber unbekannten Futtermitteln oder Tränken. Vor allem die mit konzentrierten Futtermitteln ernährten, hochgezüchteten Kulturrassen

Diese zweijährigen arabischen Halbbluthengste fressen sich auf ihrer ungarischen Weide dick und rund. Sie sind schon gut proportioniert, aber noch nicht ausgewachsen.
Foto: Rádiháza/J. E. Flade 1969

(Englisches Vollblut, Reitpferderassen) sind diesbezüglich sehr empfindlich und reagieren oft physiologisch negativ auf plötzlichen Wechsel des Konzentratfutters. Anspruchslose Rassen, wie Klein- und Landpferderassen (Konik, Panjepferd, Huzule, Mongolisches Pferd usw.), die in einem niedrigen Ernährungsniveau aufgezogen und gehalten werden, dabei vorwiegend von geringwertigen Rauhfuttermitteln sowie bescheidener Weide leben, sind unkompliziert; sie nehmen fast alles auf, was geboten wird.

Mit dem Geruchs- und dem intensiv wirkenden Tastsinn sortiert das Pferd die Futtermittel nach ihrem Geschmack und bedingt auch nach ihrer Bekömmlichkeit.

Das Pferd verzehrt also keineswegs „mit den Augen". Aber während der Futter- oder Wasseraufnahme sichert es sein Umfeld, vor allem das rückseitige, mit den Augen; das kann auch eine vor ihm, also im Freßbereich liegende Zone betreffen, hat aber mit der Futter- oder Wasseraufnahme nichts zu tun.

Einfluß von Fütterung und Futtermitteln

Pferde fressen langsamer und selektiver als Wiederkäuer. Allerdings ist das Aussuchen der Futterbestandteile bei größerem Appetit geringer, führt jedoch nie zum wahllosen Herunterschlingen von allem, was im Angebot ist. Je artenreicher und dichter der Pflanzenbestand auf der Weide oder je vielfältiger das Sortiment im Stall ist, desto ausgewählter frißt das Pferd; auf der Weide läßt es weniger Schmackhaftes stehen oder sogar bereits aufgenommene Bissen wieder aus dem Maul fallen, wenn sich etwas Besseres bietet. Nur dann, wenn durch die Mischung von Futtermitteln, zum Beispiel mit kleinsten Schmutzbestandteilen, eine Sortierung mit dem Tastsinn der Lippen nicht möglich oder der Pflanzenbestand gering ist und die Gräser mit der Wurzel herausgerissen werden, kann ein Pferd fremde Stoffe mit aufnehmen. Erkrankungen im Verdauungssystem können dann die Folge sein, zum Beispiel die gefährliche Sandkolik.

Obwohl sich die Equiden zu Pflanzenfressern herausgebildet haben, sind dem Hauspferd, vor allem in der Jugendzeit, Verzehrgewohnheiten anzuerziehen, die davon abweichen. Es ist also kein konsequenter Pflanzenfresser und gewöhnt sich zum Beispiel an tierisches Eiweiß im Konzentratfutter, Harnstoff, Trockenfisch, rohes und gekochtes Fleisch, Wurst, rohe Eier und anderes, wie nachstehend ausgeführt wird. In Abhängigkeit von den regionalen Bedingungen ergeben sich weitere, meist traditionell überlieferte Besonderheiten.

Nicht geklärt ist, inwieweit Pferde schwer gesundheitsschädliche Stoffe sicher von ungefährlichen unterscheiden können. Dazu folgen später noch einige Bemerkungen. Auf alle Fälle nimmt das Pferd beispielsweise bei mangelhaftem Weideangebot auch Pflanzen auf, die es sonst verschmäht und/oder die giftig sind. Auch in Futterkonzentrate eingegebene unzuträgliche Stoffe können mit aufgenommen werden, vor allem, wenn sie geruchlich oder geschmacklich indifferent sind.

Sehr gefährlich sind angesäuerte, verdorbene oder verschimmelte Futtermittel. Auch auf weitgehende Staubfreiheit ist zu achten; deshalb kann es notwendig sein, Einstreu oder Heu vor dem Verfüttern leicht anzufeuchten.

Für Pferde, die Schwierigkeiten mit dem Kauen haben, ist es eventuell zweckmäßig, Körnerfutter anzuquetschen; das betrifft häufig ältere Vierbeiner.

Aber nicht nur ältere Pferde haben Probleme mit den Zähnen. Wenn ein Pferd plötzlich Schwierigkeiten hat, den Hafer zu fressen oder das Gebiß anzunehmen, gilt es, die Zähne auf Zahnhaken zu untersuchen. Solche durch ungleichmäßige Abnutzung entstehenden scharfen Kanten müssen mit der Raspel entfernt werden. Es genügt nicht, auf Quetschhafer umzustellen oder ein Gummigebiß einzusetzen.

Pferde bevorzugen Salz sowie Süßigkeiten aller Art; stark geruchsintensive Stoffe lehnen sie jedoch ab, zum Beispiel Thymian, aber auch Käse oder Pfefferminze - Ausnahmen gibt es aber. Einige bittere Substanzen akzeptieren sie, zum Beispiel anis- oder brechnußhaltige Medikamente. Durch die bisher nicht geklärte Bedeutung von Geruchs- und Geschmackssinn für die jeweilige Wahl eines Futterstoffes sind die Gründe für dessen Bevorzugung oder Ablehnung unbekannt. Viele Pferde lehnen einerseits einen Stoff wegen seines Geruches ab, andererseits nehmen sie geruchsintensive Substanzen auf; auch werden Stoffe mit einem bestimmten Geruch zwar geduldet, aber wegen des Geschmacks nicht gefressen.

Man kann aber sein Pferd verhältnismäßig rasch an ihm bisher unbekannte Futtermittel auf Pflanzenbasis gewöhnen. Das spielt bei der Erweiterung des Futterangebotes und beim Einsatz von Ersatzfuttermitteln eine große Rolle; immer aber ist eine Umstellung aus verdauungsphysiologischen Gründen vorsichtig und nur schrittweise vorzunehmen. Deshalb ist es notwendig, beim Abgeben von Pferden aus dem eigenen Stall nicht nur Zuchtunterlagen und Impfpaß, sondern vor allem auch den „Futterplan" mitzugeben.

Tatsache ist also, daß Pferde alles fressen, woran sie gewöhnt sind - und wenn sie darauf angewiesen sind (Hunger). Diese Eigenschaft hat schon im Wildstand zu ihrer riesigen Verbreitung über die gesamte Nordhalbkugel und andere Teile unserer Erde geführt. Viele Rassen müssen sich bis heute vom ortsüblichen Futterangebot erhalten und Leistungen bringen. So verzehren Pferde nach allmählicher Gewöhnung - darunter alle arabischen Rassen - Trockenfisch verschiedener Varianten, pulverisiertes Kamel-, Gazellen- und Ziegenfleisch, Fische, Heuschrecken, Mahlzeitreste und Abwaschwasser. Auch rohes und gekochtes Fleisch von Gazellen, Kamelen und Ziegen sowie saure Kamel- und Ziegenmilch oder verschiedene Mehlbreie werden aufgenommen, ebenso Frischmilch von Rind, Schaf, Kamel oder Ziege, weiterhin auch Fleischmehlkuchen.

Ausnahmen bilden Rennpferde (Englische Vollblüter, Traber) sowie hochklassige Sportpferde, die im wesentlichen auf Grundlage der Hafer-Heu-Fütterung international weitgehend einheitlich ernährt werden.

Nicht nur frisches, auch getrocknetes Obst aller Sorten wird gefressen; in Trokkengebieten tritt oft die Dattel an die Stelle der Gerste, wobei die Pferde die Dattelkerne heraussortieren. Wiesengräser stellen eine wesentliche Grundlage für die Fütterung des Pferdes dar, ob als Frischfutter (Weide, Grünfutter) oder als Heu. Hier gibt es gewohnheitsmäßige Bevorzugung oder Ablehnung. Auch die Vorliebe bestimmter Rassen für Tabakrauch - Arabisches Vollblut - und für Getränke, die Alkohol enthalten, ist bekannt, besonders für Bier. Pferde der Südseeinseln verzehren Mangofrüchte, weiterhin Papayas und Guave. Shetlandponys leben auf den Inseln während des Sommerhalbjahres von Moos, Gras und Heidekraut, im Winter mühselig von Seegras und Tang.

Gehalt an Futter-Inhaltsstoffen, die das Pferd bei mittlererArbeit täglich benötigt - verschiedene Futtermittel bei einseitiger Verabreichung
(+++=überversorgt, ++=normal versorgt, +=unterversorgt, 0=Mangel)
(nach *FN-Richtlinie* (21, 6. Auflage))

	Weide/ Grünfutter	Maissilage	Möhren/ Rüben	Heu	Stroh	Getreide
Eiweiß	+++	+	+	+/++	0	+/++
	+/++	++	+	+	+	+++
Rohfaser	+/++	++	0	+++	+++	+
Struktur	+	++	0	+++	+++	+
Kalzium (Ca)	+/+++	+	+	+/++	+	0
Phosphor (P)	+/++	+	+	+/++	0	++
Natrium (Na)	0	0	+/++	0	0	0
Spurenelemente	+	+	+	+	0	+
Vitamine	+/++	0	+/0	0	0	+

An Hauspferden, die wild gehalten werden, lassen sich die spezifischen Ernährungsgewohnheiten des Pferdes gut erkennen. Bei der Auswahl von Weideplätzen bevorzugen die Pferde - beispielsweise der Polnische Konik im Wildreservat - offene, besonnte Plätze, höher gelegene Lichtungen, die sich im Waldinneren befinden, auch Kahlschläge und Wegränder. Sie nehmen auch Gräser des Unterholzes, die Pflanzen der Sümpfe und der Seeufer (Riedgras, Schilfrohr, Binsen) auf. Eine Zugabe bilden Triebe von Blatt- und Nadelgehölzen, im Herbst trockenes Laub, manchmal Eicheln und im Winter dürre Brennesselstengel. Oft versuchen die Pferde, in umzäunte Forst- und Ackerkulturen einzudringen. Während des Winters erhalten sie sich von trockenen Gräsern und Pflanzen, die sie aus dem Schnee herausscharren. Nach der Schneeschmelze bevorzugen sie das alte Gras gegenüber dem als Zufutter bereitgestellten Heu. Sie sind nicht auffallend wählerisch hinsichtlich der Futterqualität, zeichnen sich allerdings durch große Findigkeit beim Suchen reichhaltigerer Weideplätze aus.

Typisch für Pferde ist ihr Bedürfnis, an Holz, Rinde oder Zweigen zu knabbern sowie frische (= zarte) Rinde und Zweige zu fressen. Die Schäden an ungeschützten Bäumen, Sträuchern sowie eventuell am Bewuchs ganzer Landstriche (Australien, USA) können beträchtlich sein. Die ursprüngliche Herkunft des Pferdes aus Savannen und Waldsteppen könnten dieses Verhalten begründen. Mit Mineralstoff- oder Vitaminmangel läßt es sich nicht begründen, da es auch bei diesbezüglich vollwertig ernährten Pferden nachzuweisen ist. Offensichtlich hat diese Eigenart allgemeine, das Wohlbefinden des Pferdes begünstigende Wirkung. Frisch geschnittene Weidenzweige helfen in der Regel, den Appetit des Pferdes schnell wiederzuherstellen. Auch Zweige der Rotbuche sind zu empfehlen. Infolge dieses „Knabberzwanges" werden auch Stoffe angebissen oder verzehrt, die nicht zu den Futtermitteln gehören: Leder, also auch Geschirr- und Sattelzeug, Halfter des Nachbarpferdes usw., ebenso Holz, Bäume, Sträucher oder aus Holz gefertigte Ausrüstungen (Zaunmaterial, Tore, Stallteile). Beim Fehlen von Ballaststoffen in der Futterration wird dieses Verhalten neben den schon oben erwähnten Untugenden durch die damit verbundene Langeweile noch begünstigt.

Das Pferd sucht und liebt die Abwechslung bei der Nahrungsaufnahme. Sie wirkt - wie beim Menschen - appetitanregend und ist auch ernährungsphysiologisch günstig. Wie andere Säugetierarten ebenfalls, verweigert das Pferd bei den meisten physischen und psychischen Störungen die Futteraufnahme: bei Erkrankungen, nicht nur des Verdauungssystems, ebenso wie beim Absetzen, bei Transporten, in fremden Ställen, vor und nach Wettkämpfen oder anderen hohen Leistungsanforderungen und Überanstrengungen. Nur in Ausnahmefällen nimmt es zu viel auf; es schützt sich vor „Zuviel" durch Fasten.

Unter mitteleuropäischen Verhältnissen und den damit verbundenen Fütterungsgewohnheiten bei den einschlägigen Pferderassen einschließlich der Araber -

traditionelle Hafer und Heufütterung - können unter anderem folgende Nahrungsmittelquellen genannt werden:

- Hafer,
- Wiesengräser verschiedener Herkunft,
- Klee, Luzerne, Esparsette, Seradella,
- Grünhafer, -roggen, -weizen, -mais,
- Süßlupine sowie
- Rübenfutter (Möhren, Futterrüben, Kohlrüben, Gehalts- und Zuckerrüben).

Auch durch Trocknung können einzelne dieser Futterstoffe genutzt werden (Trockengrüngut), wobei ihr Einsatz infolge ihrer hohen Energiekonzentration nur allmählich erfolgen darf und streng begrenzt werden muß. Auch als richtig zubereitete Silage bieten die oben genannten Saftfuttermittel ein gutes und sehr bekömmliches Grundfutter für Pferde. Etwa 4 kg Silage ersetzen 1 kg Hafer; auch infolge ihres hohen Wassergehaltes (Schwitzen) ist ihre Menge jedoch beim erwachsenen Araber auf 3 bis 4 kg/Tag zu begrenzen.

Unter Berücksichtigung der Forderung nach systematischer und behutsamer Futterumstellung, verdauungsphysiologischer Gesichtspunkte sowie der Tatsache, daß Pferde nach Gewöhnung ein breites Angebot pflanzlicher und - eingeschränkt - tierischer Produkte annehmen, können zahlreiche Beispiele für oft sehr wertvolle Ersatzfuttermittel genannt werden, deren Verabreichung aber entsprechender Sachkenntnis (eventuell den Tierarzt fragen), stets sorgfältiger Vorbereitung sowie besonderer Vorsicht bei ihrem Einsatz (allmählicher Futterwechsel!) bedarf. Es sind zum Beispiel:

Ersatz und Ergänzung für Hafer, staubarm und stets sauber verabreichen
- Gerste (allmählich zufüttern, bei Nichtgewöhnung 24 Stunden einquellen),
- Roggen (sehr allmählich zufüttern bis höchstens 30% der Kraftfutterration, nach dem Tränken),
- Weizen (allmählich zufüttern, quetschen, nach dem Tränken),
- Erbsen/Bohnen, außer Mondbohnen (sind giftig!) (nach dem Tränken. Vorsicht: hoher Eiweißgehalt),
- Mais (höchstens 30% der Kraftfutterration, Tränken frühestens 2 Stunden nach dem Füttern!),
- Buchweizen (schroten, bis 1 kg pro Tag),
- Süßlupinen (Vorsicht: Bitterlupinen sind giftig!),

- Ölkuchen (z. B. Lein -, Erdnuß- , Sesamkuchen),
- Kartoffeln (roh: maximal 1 bis 3 kg pro Tag; gedünstet, gekocht, getrocknet unbegrenzt),
- Zucker (nur mit Tränke oder anderen Futtermitteln vermischt!),
- Melasse (maximal 1 bis 1,5 kg pro Tag; Achtung: Erhöht den Durst!),
- Zuckerrübenschnitzel lose (je nach Trocknungsgrad etwa 2 bis 4 Stunden einweichen),
- Zuckerrübenschnitzelpellets (wenigstens 12 Stunden einweichen),
- Kleien aller Art (möglichst etwas anfeuchten, höchstens 20% der Futterration),
- Tierkörpermehle aller Art (maximal 1 kg pro Tag),
- Ackerquecke (Triticum repens L.) (grün getrocknet und möglichst zerkleinert),
- Leinsamen (nur als diätetische Zulage in geringen Mengen geben, stets kochen und quellen lassen. Achtung: Durch körpereigenes Enzym kann Blausäure gebildet werden, die den Einsatz begrenzt!).

Ersatz und Ergänzung für Grün- und Rauhfutter, staubarm und stets sauber verabreichen

- Baumlaub (vorwiegend im Mai und Juni),
- Laubmehl mit Melasse (= Laubfutterkuchen),
- Reisig (maximal 0.5 cm starke Zweige von ungiftigen Bäumen und Sträuchern),
- Schilf und Schilfrohr (grün, vor Ausschießen der Blütenrispen!),
- Disteln (junge; ältere müssen gebrüht werden),
- Brennesseln (möglichst jung),
- Heidekraut (möglichst jung),
- Unkrautgräser (Windgras, Vogelmiere, Quecke, Schafgarbe, Löwenzahn usw.; Achtung: Vorher überlegen, wo man den Pferdemist läßt!),
- Stechginster (grün, aber besser getrocknet),
- Isländisches Moos und Rentierflechte (feucht),
- Kartoffelkraut (wurzellos, geschwitzt).

Die vorstehende Aufstellung ist unvollständig; sie soll vor allem dem Verständnis für das Nahrungsaufnahmeverhalten des Pferdes dienen. Es ist streng darauf zu achten, daß Freiheit von Giftpflanzen besteht und eine sorgfältige Vorbehandlung der eingesetzten Ersatzfuttermittel, auch der hier nicht genannten, erfolgt. Einzelheiten und Anweisungen zur Verabreichungen sind einschlägigen Lehrbüchern zu entnehmen; gegebenenfalls ist der Tierarzt zu befragen.

Von großer praktischer Bedeutung ist, daß sich unsere Pferde psychologisch und physiologisch nur langsam an neue Futterstoffe gewöhnen, auch an solche, die sie später gern aufnehmen. Also gilt immer: Jeder Futterwechsel darf nur allmählich erfolgen. Hinzu kommen erhebliche individuelle Unterschiede hinsichtlich der Intensität der Futter- und Wasseraufnahme sowie die Tatsache, daß bestimmte Futtermittel nur widerwillig oder gar nicht gefressen werden. Hierhin gehört auch, daß Pferde offensichtlich lernen können, welche Pflanzen ungefährlich oder gefährlich für sie sind - zum Beispiel Konik, New-Forest- und Exmoor-Pony; andererseits gibt es Schäden bei Pferden durch Giftpflanzen, vor allem bei unseren Kulturrassen, die möglicherweise diese Lernfähigkeit verloren haben oder - näherliegend - keine Möglichkeit zum Erwerb dieser Fähigkeit hatten. Das Vorkommen von Giftpflanzen auf Weiden, Wiesen, Wäldern, in Gärten und Parkanlagen und Straßengräben kann bei Verfütterung von dort gewonnenem Grünfutter oder auch Heu bzw. in Pellets Veranlassung für plötzliche Vergiftungserscheinungen sein, wobei natürlich die aufgenommene Menge von Bedeutung ist. Um sicherzugehen, sollte man unterstellen, daß Pferde diese giftigen Pflanzen nicht aussondern, sondern sie beknabbern (Bäume) oder fressen (Pflanzen, Blätter). Ob es eine bestimmte individuelle Gewöhnung an die Aufnahme bestimmter giftiger Pflanzen gibt, sollte man nicht ausprobieren. Zu den bekanntesten in unseren Breiten zählen:

- Buchsbaum,
- Eibe (Taxus),
- Herbstzeitlose (Achtung: sehr giftig!),
- Liguster,
- Maiglöckchen,
- Robinie (= Falsche Akazie),
- Schachtelhalm (Acker-, Sumpf-, Schlamm-, Teich-, Waldschachtelhalm),
- Schierling (gefleckter Schierling, giftiger Wasserschierling).

Ferner sind als Giftpflanzen unter anderem regional von Bedeutung:

- Bingelkraut,
- Schwarzes Bilsenkraut,

- Roter Fingerhut,

- Gemeiner Froschlöffel,

- Goldregen,

- Gottesgnadenkraut (= Gebräuchliches Gnadenkraut),

- Gifthahnenfuß,

- Betäubender Kälberkropf,

- Weißer Germer, Nießwurz,

- Oleander,

- Schöllkraut,

- Dotterblume (= Sumpfdotterblume),

- Tollkirsche,

- Wiesenschaumkraut.

Es wird noch darauf verwiesen, daß einige Samen für das Pferd giftige Bestandteile enthalten, so beispielsweise von folgenden Pflanzenarten, die deshalb ebenfalls nicht gefressen werden sollten:

- Kichererbse,

- Kornrade,

- Mondbohnen (siehe oben),

- Rhizinus,

- Taumelloch,

- Wasserpfeffer,

- Wiesen-Platterbse.

Neben der erwähnten Neigung, süße oder salzhaltige Stoffe bevorzugt aufzunehmen, fressen Pferde bei Weidehaltung nachmittags einen höheren Anteil saurer Pflanzen, wahrscheinlich aus stoffwechselphysiologischen und diätetischen Gründen. Betautes Gras wird allgemein gefressen, jedoch mit Unterschieden: Einerseits wird die Nachtzeit vor dem Taufall genutzt, aber weniger häufig wegen der geringeren Aktivität; andererseits bevorzugen weidende Pferde betautes Gras, sicher wegen des besseren Geschmacks. Klimatische Ursachen (Temperatur, Feuchtigkeit usw.) oder Gewöhnung können hier bestimmte Ursachen sein und wirken stets auf die Intensität der Futteraufnahme beim Weidegang.

Polnische Vollblutaraberstuten an der frühwinterlichen, offenen Tränke. Kaltes Wasser aufzunehmen ist Gewohnheitssache. Foto: Nowy Dwór/J. E. Flade 1956

4. 3 Wasseraufnahme

Im Gegensatz zur Breite des vom Pferd angenommenen Nahrungsmittelangebotes besteht seine große Empfindlichkeit gegenüber der Qualität (Geruch, Geschmack) des Trinkwassers oder der Tränke ganz allgemein. Hochgezüchtete Rassen neigen besonders dazu. Die Gewöhnung an ein ganz bestimmtes Süßwasser spielt eine besondere Rolle, auch bei Trinkwasser aus öffentlichen Leitungsnetzen. Diese Besonderheit ist aufgrund des generell großen Wasserbedarfs des Pferdes, vor allem in Verbindung mit hohen Leistungsanforderungen, von erheblicher praktischer Bedeutung. Gerade in der Wettkampfsaison bekommen Turnier- und Rennpferde durch häufigen Ortswechsel immer wieder anderes Wasser angeboten, das sie je nach Individualität nur widerwillig (manchmal längere Zeit überhaupt nicht) oder eben auch in normalem Umfang aufnehmen; davon hängen weitgehend ihr Gesundheitszustand und ihre Leistungsmöglichkeit ab. Die Pferde, die in ihrem heimatlichen Umfeld leben, sind an das örtliche Leitungs- oder Brunnenwasser, an Wasser in Seen und Gräben gewöhnt. Wild gehaltene Hauspferde und einige Kleinpferde- und Landrassen benutzen das Wasser von Entwässerungsgräben, Sümpfen, Geländevertiefungen, Wildschweinsuhlen, Regenpfützen und geschmolzenem Schnee. Letzterer ersetzt das Wasser vollständig, wenn die offenen Flächen zugefroren sind.

Pferde sind möglichst vor der Fütterung zu tränken. Um zu hastige Wasseraufnahme zu vermeiden, ist die Wasserfläche mit Heu oder Stroh leicht abzudecken; das gilt zum Beispiel für stark erhitzte Tiere. Falls keine Selbsttränken vorhanden sind, ist das Tränken vor allem nach der Abendfütterung nicht zu vergessen.

4. 4 Besonderheiten bei Fohlen

Saugverhalten

Wesentlichste Grundlage für die Nahrungsaufnahme in den ersten Lebensmonaten ist die Herstellung und Sicherung des Mutter-Kind-Kontaktes. Die nachgeburtliche Nahrungsaufnahme beginnt auch beim Pferd mit dem Aufnehmen der Muttermilch. Innerhalb von etwa 5 Minuten nach der Geburt wird meist schon das angeborene Saugverhalten erkennbar: Das Fohlen zeigt typische Saugbewegungen mit der Zunge. Infolge des dafür noch nicht ausgebildeten Gleichgewichtsverhaltens benötigt es jedoch noch etwa 30 bis 60 Minuten, um aufzustehen und - vor allem - stehenzubleiben, sich also auszubalancieren. Ist das geschafft, beginnt sofort die geruchsorientierte Suche nach der Milchquelle, zunächst an der Vorhand der Stute, an ihrer Bauchseite, Flanke bis zum Kniegelenk.

Anfangs wird das Suchen öfter unterbrochen; das Fohlen saugt manchmal an Wänden, anderen Teilen der Boxe oder an Gegenständen, die Schatten werfen und vielleicht dem dunklen Unterbauch der Stute im Bereich des Euters ähneln. Nach ein bis zwei Tagen sind diese Umwege nicht mehr nötig; das Fohlen hat das Mindestgleichgewicht gefunden und sucht von vornherein und in richtiger Position das Euter auf.

Vollblutaraber und die von ihnen beeinflußten Nachfahren sind etwas spätreifer als Warmblutrassen. Man tut deshalb gut daran, besonders die Hengstfohlen möglichst lange bei der Mutter zu belassen.
Foto: H. Reinhard 1981

Das Saugen wird nach einem bestimmten Verhaltensmuster eingeleitet: Das Fohlen bewegt sich vor der Stute, bis diese stillsteht. Erst danach versucht es, zu saugen. Liegt die Mutter, wird sie mit allen möglichen Mitteln zum Aufstehen veranlaßt. Steht die Stute, gibt es keinerlei Probleme. Das Fohlen steht beim Anrüsten und Saugen so parallel zur Mutter, daß diese die obligatorische Kontrolle seiner Identität vornehmen kann. In der Mehrzahl saugen die Fohlen auf der rechten Seite der Mutter; möglicherweise hängt die Bevorzugung einer bestimmten Seite mit der Ergiebigkeit der beiden Milchzitzen (rechts mehr) bzw. mit der Händigkeit zusammen. Das Euter wird durch mehrfaches Stoßen und Drücken mit den Nüstern angerüstet. Meist probiert das Fohlen beide Zitzen, ehe es sich für die bequemere, weil ergiebigere, entschließt.

Nachts regen sich die Fohlen gegenseitig zum Saugen an. Wenn das erste Tier damit anfängt, erheben sich nach und nach die anderen, veranlassen ihre Mütter zum Aufstehen und saugen ebenfalls. Das gilt sinngemäß auch für erwachsene Tiere und betrifft zahlreiche andere Verhaltensweisen des Pferdes (= Gruppenbezogenes Verhalten).

Schon innerhalb der ersten Lebenswoche durchwühlen die Fohlen den Kot der Mutter und nehmen davon etwas auf, besonders, wenn er frisch ist. Diese Instinkthandlung ist wahrscheinlich für die Entwicklung ihrer Darmflora von Bedeutung. Auch Wände und Stalleinrichtungen werden abgeleckt oder beknabbert. Hier sind sicher der Spieltrieb oder die Langeweile unmittelbarer Anlaß.

In der ersten Lebenswoche nehmen die Fohlen entweder ausschließlich oder fast ausschließlich Muttermilch auf. Etwa ab dem dritten Lebenstag kann man Ausnahmen beobachten; sie beziehen sich auf andere Stoffe, wie Heu- und Strohhalme oder Körner, die ins Maul genommen, angekaut, aber nicht abgeschluckt werden.

Ab dem siebenten bis etwa zehnten Tag erfolgt eine zunächst sporadische Aufnahme fester Futterstoffe. Überall dort, wo die Stute Futter aufnimmt, versucht das Fohlen das gleiche. An Heu und Stroh wird oft schwer gearbeitet, wobei lange Halme besondere Kämpfe erfordern. Auf dem Krippentisch liegende Körner werden ins Maul genommen, meist dort nur bewegt, aber auch schon einmal abgeschluckt. Als Zusatzfutteraufnahme ist diese Betätigung noch nicht aufzufassen. Aus der gesonderten Fohlenkrippe wird noch nichts aufgenommen. Oft wird gerade in dieser Altersstufe als Ersatzhandlung am Schweif der Mutter geknabbert, die Stute durch Zwicken und Treten belästigt, vom Kot gefressen und anderes mehr. Das hält bis zur dritten oder vierten Lebenswoche an. In dieser Periode entwickelt sich auch das Gleichgewichtsverhalten des Fohlens weiter, so daß die Futteraufnahme vom Boden dauerhaft möglich wird. Nach der ersten Lebenswoche lassen sich die Fohlen übrigens auch nicht mehr niederfallen, um zu ruhen, sondern legen sich in den für die Art „Pferd" gültigen Phasen hin.

Im Verlauf der Säugeperiode nehmen die Saughäufigkeit sowie die Dauer der Säugezeit pro Tag ab. Allerdings wird das Schluckvolumen größer, so daß trotz zunächst ansteigender, dann fallender täglicher Milchleistung die Zahl der Saugakte je kg Milch während der fünfmonatigen Säugezeit annähernd gleich bleibt.

Futteraufnahme

Mit der dritten bis vierten Lebenswoche kann man mit der kontinuierlichen Aufnahme fester Futterstoffe durch das Fohlen rechnen, ab etwa der sechsten Woche auch mit der Fähigkeit zum Weiden, die ja wesentlich von der Körperbeherrschung abhängt. Hier gibt es zum Teil erhebliche rassebedingte Unterschiede. Kleinpferde und primitiv gehaltene Rassen haben dafür bessere Voraussetzungen, zum Beispiel das Camargue-Pferd oder das Exmoor-Pony.

Mit der Wasseraufnahme hat das Fohlen größere Schwierigkeiten als mit der Gewöhnung an feste Nahrung oder an den Weidegang. Anfangs versucht es, die Wasserfläche zu belecken und zu beknabbern. Es muß erst lernen, Wasser oder andere Flüssigkeit aufzunehmen. Meist taucht es zunächst die Nüstern zu tief unter die Wasserfläche, bis es mit der Zeit die richtige Technik herausfindet.

Die Muttermilch ist wenigstens bis Ende des dritten Monats ein biologisch und auch ökonomisch entscheidender Bestandteil der Ernährung des Fohlens. Unter natürlichen Bedingungen saugt das Fohlen bis kurz vor Ende der nächsten Trächtigkeit seiner Mutter; bleibt sie güst (unfruchtbar), kann die Verbindung zwischen beiden bis zum zweiten Lebensjahr des Fohlens bestehen bleiben.

Verhalten beim Absetzen

Das Absetzen des Fohlens gilt von jeher als besonderer Abschnitt im Leben des heranwachsenden jungen Pferdes. Vor allem aus arbeitswirtschaftlichen Gründen greift der Pferdezüchter dabei in den von der Natur vorgegebenen zeitlichen Ablauf der Entwöhnung des Fohlens von der Stute ein. Meist wählt er dafür den fünften, wegen des besseren psychologischen und Wachstumsstatus auch den sechsten Lebensmonat des Fohlens. Fohlen frühreifer Rassen (Kaltblut) können frühzeitiger, solche spätreifer Rassen (Warmblut, arabische Rassen) sollten später abgesetzt werden. Zu berücksichtigen ist dabei auch, daß die Milchleistung der Stute im fünften und sechsten Monat noch hoch ist und sich die Ausdehnung der Säugezeit wenigstens bis zu diesen Lebensmonaten aus ernährungsphysiologischen Gründen grundsätzlich lohnt. Schon 1578 empfiehlt *FUGGER* (in 8, siehe auch 12) ein Absatzalter von „wenigstens sechs Monaten" und für die Absetzer, „dass die Raufen immer voll mit dem besten Heu gefüllt sind, damit sie bey Tage sowohl als in der Nacht genug zu fressen haben" und der Trakehner

Gestütsinspektor *A. J. BACHMANN* (in *FLADE* (8)) gibt 1822 den Hinweis zu möglichst später Trennung von Mutter und Kind: „Kann man sie aber sechs bis sieben Monate saugen lassen, so werden sie um so besser wachsen. Bei solchen, die schwächlich sind, ist dieses besonders nötig".

Unter natürlichen, vom Menschen nicht gestörten Verhältnissen würde die Trennung von der Mutter ganz allmählich über wenigstens den Zeitraum bis nach dem Versiegen der Milch, meist nach einer erneuten Trächtigkeit, also zwischen neun und 11 Monaten, erfolgen; beobachtet wurden bei weitgehend frei in Herden gehaltenen Pferden (zum Beispiel beim Polnischen Konik) noch größere Zeiträume, so daß dort eine Mutterstute gleichzeitig ihre zwei unterschiedlich alten Fohlen führt. Grundsätzlich findet in der Natur, also unter normalen Bedingungen, eine langsame und daher „schmerzlose" Auflösung der biologischen, insbesondere der psychologischen Bindung von Mutter und Kind statt.

Die Problematik beim künstlichen, also zwangsweisen und schnellen Absetzen des Fohlens liegt also unmittelbar darin, daß es seine Mutter vermißt und, wenigstens zunächst, allein ist. Es sucht nicht etwa nur deren Milch, sondern besonders den Körperkontakt im weitesten Sinne, vor allem Berührung und Geruch. Das Pferd ist ein sozial lebendes, an die Herde gebundenes Tier. Jede Trennung aus diesem gewohnten sozialen Umfeld wirkt sich - bekanntlich auch für das erwachsene Pferd - zunächst negativ aus. Diese, auch „Abspänen" genannte, Maßnahme bedeutet also immer einen tiefen psychologischen und als Folge auch physischen Eingriff (Ernährungsumstellung) in das Leben des Fohlens, sicher auch der Stute. Je jünger das Fohlen ist, desto mehr ist es betroffen.

Wie angedeutet wurde, haben schon seit Jahrhunderten die Pferdezüchter immer wieder betont, daß das Absetzen so spät wie möglich erfolgen soll, weil die Dysstreßwirkung und ihre Folgen mit zunehmenden Alter des Fohlens geringer werden und die Stute infolge der sinkenden Milchmengenleistung weniger Probleme mit der Eutergesundheit (Schwellungen) hat. Zu beachten ist, daß Hengstfohlen der gleichen Rasse in der Regel deutlich spätreifer sind, also langsamer wachsen und intensiver ernährt werden müssen als Stutfohlen; ein längeres Verbleiben bei der Mutter kommt ihnen deshalb besonders zugute.

Hauptaufgabe des Pferdehalters ist es also aus vielerlei Gründen, den mit dem Absetzen verbundenen Trennungsschmerz zu vermeiden oder wenigstens deutlich zu verringern; so nimmt er auf Wachstum und Entwicklung, auch der psychologischen, seines jungen Pferdes positiven Einfluß. Zugleich vermindert er damit die oft riskanten Bemühungen von Fohlen und eventuell auch der Stuten, um jeden Preis wieder zueinander zu kommen. Man denke dabei an Durchdrükken von Stalleinrichtungen und Zäunen oder Durchzwängen durch Gitter und Türen, bekanntlich häufig mit Beinschäden, Prellungen, Abschürfungen und schlimmeren Konsequenzen (Beinbrüche, Erhängen) verbunden. Zudem kann es bei den Fohlen zur langzeitigen Verringerung oder sogar zur zeitweisen Verweigerung der Futter- und Wasseraufnahme kommen. Beides wirkt sich auf das Wachstum, also lebenslang, aus.

Es sei auch daran erinnert, daß sich in diesem Zusammenhang Stalluntugenden wie Weben, Koppen und Scheuern herausbilden können. Aus allen diesen Gründen müssen solche Absetzmethoden angewandt werden, mit denen dieses „Vermissen" einen möglichst geringen Eindruck auf das Fohlen hinterläßt. Dabei geht es immer um die Wahl des biologisch optimalen Zeitpunktes und die gründliche Vorbereitung - eine nachträgliche Korrektur eines dabei gemachten Fehlers ist kaum möglich. Ebenfalls ist es immer notwendig, daß das Fohlen nach dem Absetzen eine Gruppe gleichaltriger, möglichst zeitgleich abgesetzter Mittrauernder vorfindet, der man einen erfahrenen Wallach oder eine nichttragende Stute als „Ansprechpartner" und zugleich Alpha-Tier zuordnen sollte. Die Einzelhaltung von Absetzern muß ein Ausnahmefall oder zeitlich begrenzt bleiben, beispielsweise bei Abdrängen des Fohlens von Futter oder Wasser durch seine anderen Gruppenmitglieder.

Die übliche, aber aus der Sicht der biologisch richtigen Pferdehaltung keinesfalls optimale Methode des Absetzens ist die, nach der das Fohlen an einem bestimmten Tag von der Stute getrennt wird. Es bleibt dann allein in einer Boxe außerhalb der Hörweite der Stute. Nach etwa einer Woche - wenn es sich „beruhigt" hat - wird es mit anderen Fohlen, die zum gleichen Zeitpunkt abgesetzt worden sind, zu einer Herde auf der Weide vereint. Nachts wird diese wieder eingetrieben; falls nicht genügend Laufstallfläche vorhanden ist, werden die Fohlen dann wieder voneinander getrennt. Noch schlimmer sind die Folgen bei Einzelhaltung der Fohlen. Der Nachteil ist offensichtlich: Das Einzeltier ist a) ohne physiologische Vorbereitung und b) plötzlich aus seinem bisherigen sozialen Bereich herausgerissen worden, und es treten all die Folgen ein, auf die oben verwiesen worden ist. Für den Menschen mag das der bequemste Weg sein, für das heranwachsende Fohlen und damit letzten Endes auch wieder für den Halter ist es der ungeeignetste.

Eine bessere, erprobte Möglichkeit des Absetzens ist, aus der Gruppe der Stuten mit Fohlen bei Fuß allmählich einige Mütter zu entfernen. Deren Fohlen suchen dann Trost in der ihnen bekannten Herdengemeinschaft. Nach und nach wird dieser Vorgang fortgesetzt. Die abgesetzten Fohlen werden nachts in den Stall und tagsüber wieder zur Herde zurückgebracht. Prinzip ist, daß die Stuten die Herde allmählich verlassen und nur noch die Fohlen als Gruppe übrig bleiben. Die Vorteile liegen auf der Hand: Alles geschieht schrittweise und der soziale Kontakt geht zu keiner Zeit verloren.

Es gibt eine weitere Verfahrensweise, bei der sich die negativen psychischen und physischen Einwirkungen auf das Fohlen zeitlich voneinander trennen und in ihrer Intensität mildern lassen. Generallinie ist dabei, daß die Tiere vor dem Absetzen lernen a) optimal zu fressen und zu saufen sowie b) die Trennung von der Mutter allmählich zu verkraften. Die Fohlen werden hier so gehalten, daß sie zunächst beliebig zu ihrer Mutter gelangen können, diese jedoch nicht zu ihnen. Nach und nach werden die Stuten zunächst mittags, dann auch nachts für die Fohlen nicht mehr zugänglich, so daß diese sich an die Futteraufnahme ohne die Mutter gewöhnen und sie später nicht mehr vermissen. Zudem haben die Stuten keine Schwierigkeiten mit Euter- und Unterbauchschwellungen.

Die so abgesetzten Fohlen nehmen mehr Futter auf, sind schon kurz danach besser entwickelt und insgesamt muskulöser, haben glatteres und glänzenderes Haar als die traditionell, also im Schnellverfahren, von der Mutter getrennten Tiere. Letztere haben noch nach Tagen erhebliche Dysstreßerscheinungen, die sich langfristig auswirkten: Sie fressen weniger und bleiben deshalb im Wachstum zurück.

Futteraufnahme bei abgesetzten Fohlen
(nach *Csapó* in *Flade/Gleß* (9))

Zeit	traditionell abgesetzte Fohlen (4)	streßarm abgesetzte Fohlen (15)
Absatztermin	100,0 %	100,0 %
1 Monat danach	118,3 %	149,5 %
2 Monate danach	211,4 %	260,9 %
3 Monate danach	250,3 %	189,6 %

4. 5 Besonderheiten bei erwachsenen Pferden

Das Nahrungsaufnahmeverhalten unserer Zucht- und Nutzpferde ist vom angeborenen Ruhe- und Aktivitätsverhalten (Tagtier), aber auch von der Art, Intensität und Tageszeit ihrer Nutzung abhängig. Hierbei spielt die Gewöhnungsfähigkeit des Pferdes an den 24-Stunden-Rhythmus eine weitere große Rolle. Die Schlußfolgerungen für die Praxis sind: planmäßig und systematisch mit dem Pferd umzugehen, Einhalten der Fütterungszeiten, der Trainingszeiten, möglichst annähernde Übereinstimmung zwischen Trainings- und Wettkampfzeiten usw. Auf die sehr unterschiedliche Sensibilität, also die ausgeprägte Individualität, des Pferdes ist dabei noch besondere Rücksicht zu nehmen. Die Futteraufnahme ist eindeutig mit dem angeborenen Ruhe- und Aktivitätsverhalten gekoppelt. Das betrifft die Nachtstunden, wobei die eigentliche „Nacht" (= äußere Ruhe, Dunkelheit) zu wesentlicher Minderung der Futteraufnahme führt; die Tagesaktivitäten werden unter anderem deutlich durch Trainingsmaßnahmen, also durch die Nutzung, beeinflußt.

Freßaktivität bei 15 im Training befindlichen Reitpferden in Prozent des Tagesabschnitts (Boxenhaltung) (nach *Flade* (9))

	Tagesabschnitt		Nachtabschnitt	
	6 bis 12 h	12 bis 18 h	18 bis 24 h	0 bis 6 h
Durchschnitt	35.1	35.0	42.3	20.2
davon				
Tag bzw. Nacht	35.1		31.3	

Fünfmalige Fütterung: 6.00, 9.30, 13.20, 16.00, 21.00 h

Ältere Pferde durchkauen das vorgelegte Rauhfutter lange und gründlich. Dagegen fangen jüngere Tiere zwar bei Beginn der Fütterung damit an, offensichtlich überwiegt jedoch später der Drang zum Spielen; sie zerwühlen und zertreten dann verhältnismäßig viel des angebotenen Rauhfutters.

Abschließend ist noch nachdrücklich zu bemerken, daß in Boxen eingestellte Pferd die meiste Zeit für die Futteraufnahme brauchen, weil sie Zeit und Sicherheit haben, in Ruhe (auch vor den Nachbarpferden), also streßfrei, zu fressen und optimal zu verdauen. Auch aus diesen Gründen ergibt sich die Notwendigkeit, trotz der damit verbundenen größeren Bau- und Betriebskosten unsere Zucht- und Nutzpferde in Boxen zu halten. Diese Forderung gilt besonders für Pferde, die tagsüber wenig aktiv bewegt werden oder deren Auslauf den Bewegungs- und Spieltrieb nicht ausreichend abdeckt. Sie sichert generell die artgerechte Tierhaltung beim Pferd und sollte konsequent in seiner Aufzucht und Haltung beachtet werden.

4. 6 Rationsgestaltung

Die Futterration für ein Pferd ist von dessen Gewicht, der Stoffwechselintensität und der verlangten Leistung abhängig. Es ist besser, dem Pferd zu wenig als zu viel Futter zu verabreichen. Gegenüber Überfütterung (Menge, Energie, Nachquellung) und anderen Fütterungsfehlern ist es sehr anfällig. Ihre Folgen sind stets ernst zu nehmen. Alle fütterungsbedingten Störungen im Verdauungssystem können sich rasch lebensbedrohlich entwickeln und bedürfen deshalb schneller tierärztlicher Hilfe:

Rationsgestaltung

Fütterungsfehler	*Mögliche Störungen u.a.*
1. zu hoher Anteil an Weizen oder Roggen	Verkleisterungen im Magen, Fehlgärungen, Koliken
2. zu hoher Anteil an Stroh oder überaltertem Grobfutter	Verstopfungen im Dickdarm
3. langfaseriges junges Grünfutter (Klee, Rasenmähergras)	Verstopfungen durch Bildung von Faserkonglobaten
4. junge Leguminosen/Kohl	Blähungen im Dickdarm
5. hoher Anteil an Kleie(n)	Darmsteinbildung

Futterqualität

Fütterungsfehler	*Mögliche Störungen u.a.*
1. Verschimmeltes Futter (besonders Stroh, Heu, Hafer, Lupine)	Magenblähungen, Krampfkoliken, Hufrehe,
2. Hafer/Heu ungenügend abgelagert	Magen- und Darmkatarrhe, Hufrehe

3. Erhitztes Grünfutter, Silage mit Fehlgärung	Blähungen, Koliken
4. angefaulte/gefrorene Hackfrüchte	Magen- und Darmkatarrhe, Hufrehe
5. verschmutzte Futtermittel	Sandkolik

Futteraufbereitung

Fütterungsfehler	Mögliche Störungen u.a.
1. zu kurzes Häcksel (< 3 cm)	Staukoliken
2. nicht eingeweichte Zuckerrüben- oder Trockenschnitzel	Quellungen mit Schlundverstopfungen/Magenüberladung
3. hoher Anteil zu fein gemahlenen Futters	Schlundverstopfungen, Verdauungsstörungen

Fütterungs- und Tränktechnik

Fütterungsfehler	Mögliche Störungen u.a.
1. zu hohe Konzentratgabe je Mahlzeit	Azidose (ph-Wert-Abfall im Blut), Fehlgärungen im Dickdarm, Hufrehe
2. plötzlicher Futterwechsel (besonders im Frühjahr)	Verdauungsstörungen, Hufrehe
3. hohe Gaben stärke- und zuckerreicher Futtermittel	Verschlag (Myoglobinurie), Hufrehe
4. zu kaltes Wasser (selten)	Koliken
5. Wassermangel	Verstopfungen
6. unregelmäßige Mahlzeiten	Unruhe, Verdauungsstörungen

Das Arabische Vollblutpferd ist auffallend leichtfuttrig. Diese Eigenschaft ist eine Rasseeigentümlichkeit und demzufolge auch sicher im genetischen Potential verankert. Sie ist ein Ergebnis der schon vor Jahrtausenden bei den Vorläuferrassen zwangsläufig eingetretenen klima- und haltungsbedingten Selektion, unter anderem auf ein jahresabhängiges, vorwiegend geringes Futter- und auch Wasserangebot. Auch bei den von ihm direkt beeinflußten Rassen ist diese Anspruchslosigkeit zu finden, beispielsweise beim Shagya-Araber, bei arabischen Halbblutpferden und den ihnen nahestehenden Rassen Nordafrikas oder der Iberischen Halbinsel usw. Aus ökonomischen und sonstigen praktischen Gründen ist sie sehr erwünscht. Erst seitdem die Europäer am „Araber" ihr Interesse bekundeten und den daraufhin seit wenigstens zwei Jahrhunderten erfolgten regelmäßigen Importen aus den Originalzuchtgebieten sind im allgemeinen die Ernährungsverhältnisse auch dort verbessert worden. Ob die sehr viel günstigeren Klimabedingungen der außerarabischen Zuchten nach und nach zu einer Gegenselektion führen könnten, ist schon infolge der kurzen Zeiträume und häufigen Verwendung von Originalarabern nicht beweisbar. Aber daß diejenigen Populationen sich insgesamt kräftiger (unter anderem die Skelettstärke) entwickeln, die längere Zeit auf diese „Spritze" verzichtet haben, wissen wir. Für die praktische Nutzung (Reiten, Fahren) und den Einsatz als Veredler (Hengste) in den regionalen Reitpferderassen ist das eher ein Vorteil, für die Erhaltung der arabischen „Originalität" nicht immer. Unter anderem ist auch deshalb das Bewahren des arabischen Pferdes in seinen Heimatgebieten ein unverzichtbares Anliegen.

Tatsächlich ist der Anspruch des arabischen Pferdes an die Futtermenge wie auch an die Qualität der Futtermittel absolut und auch im Verhältnis zum Gewicht gegenüber anderen Pferderassen gering. Gegenüber einem modernen Warmblutpferd, zum Beispiel einem Hannoveraner, liegt der Energiebedarf des Vollblutarabers bei unterstelltem gleichen Gewicht rund 20% niedriger. Die Futterration muß allerdings trotzdem zur Erhaltung von Typ und Modell einen bestimmten Anteil an Konzentratfutterstoffen enthalten; ein länger währendes Ausweichen auf große Mengen von Rauh-, vor allem aber von Saftfutter ist abzulehnen. Höchstens etwa 10 bis 12% des notwendigen Bedarfes an Stärkewert sollte durch Saftfutter abgedeckt werden. Als tägliche Standardration für ein erwachsenes Tier bei Stallhaltung gilt zum Beispiel:

Hafer	1.5 kg
Trockengrüngut (Sommerroggen)	0.5 kg
Wiesenheu, II. Qualität	2.0 kg
Massenrüben	3.0 kg
Futterstroh (Hafer)	1.0 kg
Häcksel (Roggenstroh)	0.8 kg.

Mit 18 Monaten ist diese Araberstute noch unfertig, aber durch genügend aktiven Auslauf haben sich die natürlichen Bewegungen schon perfekt entwickelt.
(Ghateefa Bint Naheed 1995/Laubach-Wetterfeld)

Foto: U. Kern-Goßmann 1996

Für den erwachsenen Vollblutaraber mit 400 bis 450 kg Gewicht kann von einem Erhaltungsbedarf von rund 2600 Stärkeeinheiten (StE) und 370 g Rohprotein (Rp) ausgegangen werden. Bei zusätzlicher Leistung kommen hinzu:

niedrige Leistung	50 % Stärkeeinheiten	0 % Rohprotein
mittlere Leistung	90 % Stärkeeinheiten	10 % Rohprotein
hohe Leistung	125 % Stärkeeinheiten	12 % Rohprotein.

Es ist besonders bei der Pferdefütterung in Rücksicht auf eine gesunde und optimale Verdauung streng auf die Struktur der Ration zu achten. Mit zunehmender Beanspruchung des Pferdes muß der Rohfaseranteil an der Trockensubstanz der Gesamtration sinken:

niedrige Leistung	minimal 16 %	optimal 20 bis 24 %
mittlere Leistung	minimal 14 %	optimal 18 bis 22 %
hohe Leistung	minimal 12 %	optimal 16 bis 20 %
hochtragende Stute	minimal 14 %	optimal 18 bis 22 %
laktierende Stute	minimal 12 %	optimal 16 bis 20 %
Fohlen 6 bis 12 Monate	minimal 12 %	optimal 16 bis 20 %
Fohlen 13 bis 24 Monate	minimal 14 %	optimal 18 bis 22 %
Fohlen über 24 Monate	minimal 16 %	optimal 20 bis 24 %.

Zusätzliche Belastungsmöglichkeiten des Reitpferdes (ca. 500 kg LG) plus Reiter (ca. 60 kg) bei Rationserhöhung um 1 kg Kraftfutter (Achtung: Ca:P = >1.5 bis 3.0:1 + Na!)
(nach *FN-Richtlinie* (21))

----

entweder Schritt	ca. 200 min
oder leichter Trab	ca. 65 min
oder mittlerer Trab	ca. 25 min
oder Galopp	ca. 15 min
oder extreme Anstrengungen	ca. 8 bis 10 min

Bei der Fütterung des wachsenden Vollblutarabers ist dessen spezifische Entwicklung besonders zu berücksichtigen. Er muß vor allem im ersten Lebensjahr konzentratreich ernährt werden, damit die gewünschten Höhenmaße und die Skelettstärke erreicht werden. Die Entwicklung der Tiefe und Breite erfordert vor allem im zweiten bis vierten Jahr während des Sommerhalbjahres nicht zu viel, aber kalk- und phosphorreiche Weide und im Winter mineralstoffreiches Heu. Ein ständiges Angebot von Kochsalz (Lecksteine) ist sowohl für fohlenführende Stuten als auch für Jungpferde zu vermeiden, da starke Durchfälle auftreten können! Saftfutter sollte in diesem Lebensabschnitt nur in dem für den Stoffwechsel notwendigen Umfang verabreicht werden, um das wachsende Fohlen zu einem typtreuen Araber heranzuziehen.

5. VERHALTENSWEISEN

(siehe auch Abschnitt 6 „Haltung und Pflege")

5. 1 Grundsätze im Umgang mit dem Pferd

Zur Sicherung des Überlebens während der Evolution und im Wildstand des Pferdes waren garantierte Fortpflanzung und die Fähigkeit zu optimaler Anpassung an die Umwelt notwendig, also entsprechende genetische Voraussetzungen und individuelle Erfahrungen. Im Verlauf der etwa 65 Millionen Jahre währenden Entwicklungszeit der Gattung EQUUS, zu der neben dem Pferd auch Esel, Zebra sowie die Halbesel (Khur, Kiang, Kulan, Onager) gehören, erfolgte die Selektion vor allem auf die nachstehenden Verhaltensweisen:

Fluchtbereitschaft:

Das Pferd wurde zum Pflanzenfresser und dadurch zur wohlschmeckenden Beute von Raubtieren. Seine Überlebenschancen lagen im rechtzeitigen Erkennen der Gefahr, raschen Antritt und großer Schnelligkeitsausdauer (= beide Faktoren optimal kombiniert), da es dem doppelt so schnellen, aber weniger ausdauernden Raubtier nur so entkommen konnte.

Sein Glykogenspeicher ist entsprechend groß und durch einen Adrenalinstoß sofort und vollständig abrufbar. Zudem ist das Pferd ein „Dauerfresser", hat also unter natürlichen Bedingungen wenig „Bauch" und damit nur das unbedingt notwendige Gewicht. Das Frühwarnsystem ist zweckmäßig entwickelt, zum Beispiel durch großes Blickfeld, hervorragendes Bewegungssehen, dreidimensionales Hörbild, große Vibrationsempfindlichkeit. Der starke Herdentrieb bietet einen weiteren Schutz. Alle diese Eigenschaften sind arttypisch und fest verwurzelt.

Spezifische Ernährung:

Das Wildpferd bewohnt die Steppe. Es hat sich während des jüngeren Teiles der Evolution vom Laub- zum Grasfresser entwickelt. Infolge seines spezifischen Magen-Darm-Systems (unter anderem kleiner Magen, keine Gallenblase, großer Blinddarm) ist es täglich auf etwa 16-stündiges ständiges Fressen entsprechend dem kümmerlichen Angebot der Steppenflora eingestellt, die nur im regenreicheren Frühjahr mehr bietet. Es ist weiterhin Selbstversorger mit der lebenswichtigen Vitamin-B-Gruppe und gewinnt durch Verdauung der Mikroorganismen im Blinddarm zusätzlich tierisches Eiweiß.

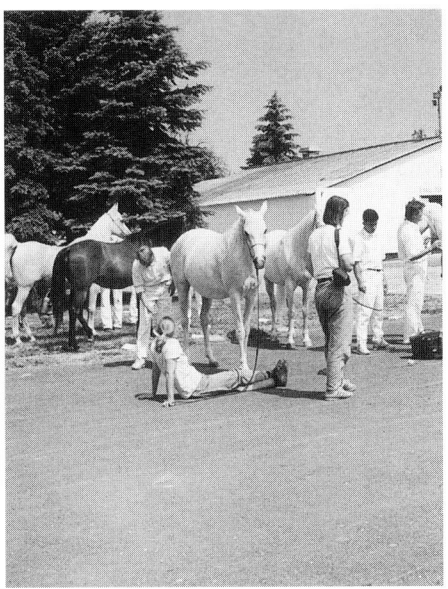

Auch das arabische Pferd kann seine animalischen Verhaltensweisen nicht ablegen. Voraussicht und Überlegung beim Umgang mit ihm sind deshalb stets geboten. Leichtsinn kann sich - auch für Unbeteiligte - folgenschwer auswirken. Foto: Bábolna/J. E. Flade 1994

Fortpflanzung:

Brunst- und Abfohlzeit sind beim Wildpferd deutlich auf die Zeiten mit reichlichem Futterangebot und günstigeren Außentemperaturen eingestellt und entsprechend periodisiert. Damit werden die Chancen zum Überleben für die Fohlen - und auch für die Mutterstuten - begünstigt oder überhaupt erst gegeben.

Händigkeit:

Wie bei anderen Säugetierarten auch, ist die Rechts- oder Linkshändigkeit beim Pferd als Schutzfunktion für das Wiederfinden des Herdenrevieres deutlich ausgeprägt. Sie wird durch den Gleichgewichtssinn kontrolliert und ist deshalb auch so fest verankert.

5. 2 Grundmuster des Pferdeverhaltens

Beim Umgang mit seinem Pferd muß der Mensch von dessen Verhaltensweisen ausgehen, nicht etwa von seinen eigenen Denkleistungen oder Reaktionen. Dazu gehört die Kenntnis der zwischen Pferden üblichen Beziehungen, ihrer Verhaltensmuster und der Besonderheiten ihrer Sinnesorgane. Es wird vielfach der Fehler gemacht, den Umgang mit dem Pferd nach Maßstäben des Menschen zu gestalten, und damit unterstellt, daß das Pferd den Menschen versteht. Infolge

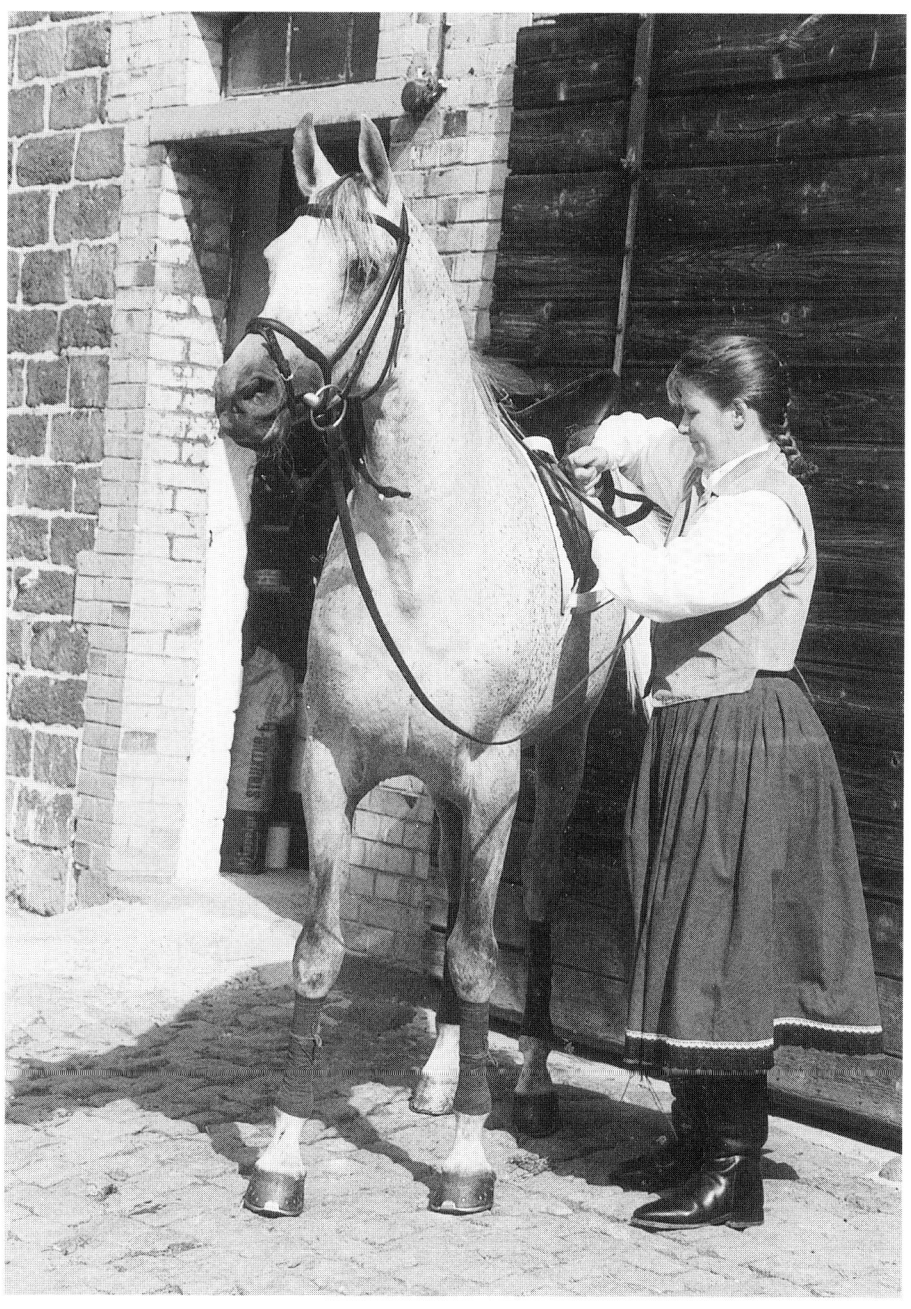

Ruhiges, fachgerechtes Umgehen mit dem vierbeinigen Partner führt zu gegenseitigem Vertrauen und ausgewogenen Verhaltensweisen - trotz aufgeladener Energie und lebhaftem Temperament. Naheed *1984/Laubach-Wetterfeld
Foto: J. Hechfellner 1994

der - am Menschen gemessen - minimalen geistigen Leistungsfähigkeit des Pferdes ist das aber unmöglich. Darauf haben schon die Klassiker der Reitkunst, angefangen mit dem Athener *XENOPHON* (um 430 bis 354 v. Chr.), hingewiesen und mit Ratschlägen für die Praxis aufmerksam gemacht.

Die Grundmuster des Verhaltens sind fest im Erbgut des Pferdes verankert, die Veranlagung zu bestimmten Verhaltensweisen weitgehend erblich bedingt. Sie werden durch Erfahrungen, die das Pferd im Verlaufe seiner individuellen Entwicklung als Fohlen sowie später seiner Haltung und Ausbildung erwirbt, ergänzt oder ersetzt. Unerwünschte angeborene Verhaltensweisen werden dabei abgebaut, erwünschte gefestigt. Werden jedoch die Grundmuster des Verhaltens durch zugeordnete Schlüsselreize aktiviert (zum Beispiel Schreck = Angst = Scheuen = Panik), stellen sich die durch den Menschen andressierten Verhaltensweisen in der Regel nur noch als Fassade dar, hinter der sich die elementare Natur des Pferdes verborgen gehalten hat. Folglich gehört die Erziehung zu einem ständigen, intensiven Bestandteil beim Umgang mit dem Pferd; sie ist mit großer Voraussicht zu gestalten und die Vorsicht darf dabei niemals außer acht gelassen werden.

Da das Pferd nur aus Erfahrungen lernen kann, ist seine Erziehung nur durch konsequentes Handeln, systematische und korrekte Einwirkungen, Anwendung der Grundsätze der Tierdressur, verbunden mit viel Einfühlungsvermögen, Geduld und Güte bei souveräner Fachkenntnis erfolgreich zu gestalten. Dabei sind die ausgeprägte Individualität sowie die große Empfindsamkeit des Pferdes sorgfältig zu berücksichtigen. Beide schließen routinemäßiges Herangehen von vornherein aus. Die moderne Tierdressur kennt keine Gewalt; im Vordergrund stehen Liebkosung, Belohnung und Konsequenz.

Je früher die Beeinflussung des Pferdes durch den Menschen beginnt, desto sicherer ist das Ergebnis des damit verbundenen Erziehungsprozesses; dieser muß fester Bestandteil der Aufzucht und Ausbildung sein. Die Schwierigkeiten liegen besonders darin, daß Äußerungen des Pferdes über Wohlbefinden oder Ablehnung nur schwer und nach langer individueller Erfahrung vom Menschen erkannt werden können. Katzen schnurren, Hunde wedeln mit dem Schwanz, beide zeigen dazu mit ihrer Mimik, daß sie sich wohl fühlen; das ist für uns eindeutig erkennbar, führt zu richtigen Schlußfolgerungen beim Umgang mit diesen Haustieren und macht ihn deshalb auch relativ einfach. Dagegen ist beispielsweise das Erkennen der Losgelassenheit beim Pferd als Zeichen seines

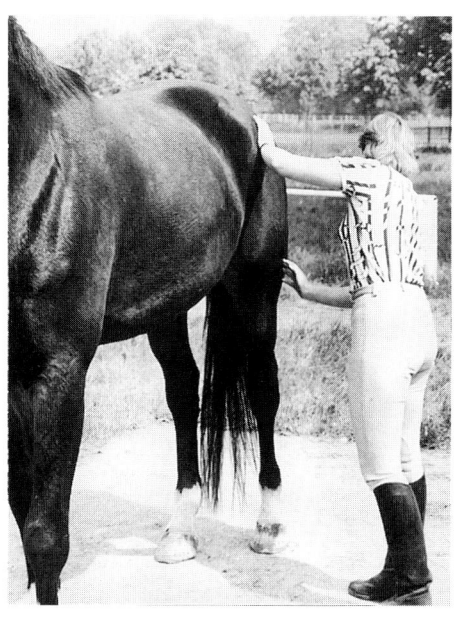

Wohlbefindens weitaus schwieriger. Solche unterschiedlichen, für die Arbeit des Pferdehalters und -ausbilders so wichtigen Verhaltensweisen wie „Zurückhaltung bis Übermut", „Vorsicht/Hemmung/Angst bis Frechheit/Sturheit" oder „Zuneigung bis Vertrauen/Gehorsam" richtig zu deuten und entsprechend den Lernmöglichkeiten des Pferdes sofort zu reagieren, ist aber die Voraussetzung für dauerhafte Erfolge bei seiner Aufzucht und Ausbildung.

Die angeborenen und die durch Erfahrung zusätzlich erworbenen Verhaltensweisen des Pferdes müssen immer im Zusammenhang mit der Leistungsfähigkeit seiner Sinnesorgane gesehen werden; sie sind deshalb von Pferd zu Pferd unterschiedlich, also individuell zu beurteilen und einzuordnen. In seinem Verhalten ist es auf das Grundsystem Furcht/Selbstschutz eingestellt und wird deshalb auch als „Fluchttier" bezeichnet. Diesem System entsprechen seine angeborenen, also natürlichen Verhaltensprogramme, die zwangsläufig ablaufen, wenn sie durch den jeweiligen Schlüsselreiz gestartet werden.

5. 3 Verhaltensprogramme beim Pferd

Selbstschutz-System

Hierzu gehört die ständige Fluchtbereitschaft. Man kann sie gestaffelt auffassen: Neugier ⇒ Erkundung; Vorsicht ⇒ Meidung; Furcht/Angst ⇒ Flucht. Die Ursache dafür liegt vor allem darin, daß das Wildpferd, gemessen an seinen natürlichen Feinden, mit einer Geschwindigkeit von nicht viel mehr als 50 km/h verhältnismäßig langsam ist; Leopard, Gepard und andere große Raubtiere können über 100 km/h erreichen. Im Wildstand kam es also darauf an, die Gefahr frühzeitig zu erkennen und ihr auszuweichen. Also war die sofortige Flucht bei unklarer Situation für das Wildpferd eine Existenzfrage. Die „Furcht" wirkt somit auf das Pferd als Schlüsselreiz, auf den es zwangsläufig mit dem Reflex „Flucht", also „Selbstschutz" reagiert. Das Pferd gilt deshalb als scheu und schreckhaft, ist aber keinesfalls ängstlich, sondern neugierig. Das ergibt sich aus der Vorsicht und spiegelt das Erkundungsverhalten wider, das unter Berücksichtigung der potentiellen Gefahren deshalb stets zögernd erfolgt.

Die schnellste Wirksamkeit für die Früherkennung einer Bedrohung hat der Gesichtssinn, der dem Pferd allerdings auf die notwendigen größeren Entfernungen keine konkreten Hinweise übermittelt. Wähnt sich das Pferd in Gefahr, verläßt es sich zuerst auf seine Augen und flieht zunächst infolge der unsicheren Informationen. Das geschieht durch Wegspringen zur Seite oder nach vorn, verbunden mit maximaler Beschleunigung. Sein äußerst feiner und an die Erinnerung gebundener Geruchssinn würde ihm eine genaue Kontrolle des Objektes ermöglichen, aber das kann nur auf nähere, deshalb gefährlichere Entfernung und wesentlich langsamer geschehen. Um Hemmungen des Pferdes zu verringern oder auszuschalten, sollte ihm deshalb immer die Möglichkeit gegeben werden, furchterregende Gegenstände zu beriechen, um sich so von ihrer Harmlosigkeit zu überzeugen. Sind Pferde sich selbst überlassen, kann man beobachten, daß sie gegen den Wind laufen, um rechtzeitig aus der Witterung den für ihr Sicherheitsbedürfnis notwendigen Aufschluß zu erhalten.

Wenn eine Fluchtreaktion ausgelöst, aber ein Entkommen unmöglich ist, verteidigen sich Pferde durch Schlagen, Beißen, Steigen, Drücken oder Niederwerfen wirkungsvoll. Sie müssen deshalb vor Berührung, vor Betreten ihrer Boxe, vor dem Ansträngen, beim Annähern von hinten usw. angesprochen werden. Falls sie beim Erschrecken nicht fliehen können, wehren sie sich sofort. Sie verteidigen ihr Revier auch gegenüber Artgenossen oder anderen Tierarten, eventuell auch gegenüber dem Menschen. Das überträgt sich auch auf ihr Verhalten in zu kleinem Raum. Hier kommt es schnell zu Unfällen, wenn man dieses Revierverhalten und die angeborene „Platzangst" des Pferdes nicht berücksichtigt. Dabei sind die Abwehrhandlungen des Pferdes auf dessen Artgenossen abgestimmt; deshalb richten sie dort selten Schaden an, haben aber für den Menschen oft schwere Folgen.

In den Bereich Furcht/Selbstschutz kann auch eingeordnet werden, daß Pferde von Natur aus kaum springen. Im Gegensatz zu Raubtieren sind sie vom Körperbau her auch dafür nicht begünstigt, für den Hochsprung durch die komplizierte Veränderung des Bewegungsablaufes beim Absprung besonders benachteiligt. Ihr hoher Schwerpunkt und die eingeschränkten Möglichkeiten zur flachen Streckung machen ihnen dabei noch zusätzliche Schwierigkeiten. In freier Wildbahn geht das Pferd um ein Hindernis herum um zu erkunden, ob dahinter nicht Gefahren lauern könnten. Über Wasser springen Pferde nur im Notfall, aber auch dann nur etwa das Doppelte ihrer Körperlänge. Reitpferde zu unbedingtem Gehorsam und stabiler Zuverlässigkeit beim Bewältigen von Springbahnen und Geländehindernissen zu erziehen bedeutet also wesentlich, ihnen die Furcht vor dem Unbekannten zu nehmen. Dazu gehört, ihren Geruchssinn zu nutzen (Objekte beriechen lassen, Zeit für ihr Informationsbedürfnis lassen) und durch häufige Kontakte die dafür nachteilige angeborene Verhaltensweise zugunsten der erwünschten abzubauen. Schulung der Technik und des Verhaltens müssen also auch hier eine Einheit bilden. Für die Ausbildung und spezielle Nutzung des Pferdes sind weitere Besonderheiten zu berücksichtigen.

Nahrungstrieb
(siehe auch Abschnitt 4.2 „Fütterung - Einflüsse durch das Pferd")

Zu den Verhaltensweisen des Pferdes mit sehr hoher Wirksamkeit gehört der ausgeprägte Nahrungstrieb. Er ist so stark, daß er oft Hemmungen, Furcht oder Angst überspielt. Deshalb sollte man ihn nutzen, um angeborene Reflexe in die vom Menschen gewünschten umzuwandeln. So geschieht es bekanntlich auch bei der Dressur anderer Tierarten mit Erfolg. Die gefüllte Haferschwinge, das Stück Zucker oder Brot nach einer vom Pferd geforderten schwierigen, weil

unnatürlichen Handlung als Belohnung anzubieten, ist eine der vielen Möglichkeiten. Das Überwinden von Hemmungen oder Zögern nur allein durch Zeigen
oder auch durch Verabreichen begehrter Futtermittel gehört ebenfalls zu den
Methoden, heikle Aufgaben mit den Pferd streßarm und effektiv zu lösen. Auch
die Kontaktaufnahme und -pflege zwischen Mensch und Pferd geht „durch den
Magen". Für den Reiter oder Fahrer ist es naheliegend, immer etwas Freßbares
in der Tasche zu haben. Auch vom Sattel aus läßt sich nach einer besonderen
Leistung oder auch aus reiner Freundschaft eine Möhre in das Pferdemaul schie-
ben und wird als Belohnung anerkannt.

Infolge der großen Intensität des Nahrungstriebes muß dafür gesorgt werden,
daß bei Pferden keine gefährliche Rivalität entsteht. Krippenlängen, Tränkmöglichkeiten, Weideflächen usw. sind ausreichend zu bemessen. Die Rangfolge ist
besonders bei der Stallfütterung zu beachten. Es ist sinnlos, ein drängelndes, also
ranghöheres Pferd mit dem Futter warten zu lassen in der Annahme, es zum
Warten zu erziehen oder zu der Einsicht, daß es „später" drankommt. Die Verwirklichung der einmal erstrittenen und damit festgelegten Rangfolge durch
Drängen, Stoßen und Drücken ist zwischen Pferden beim Fressen und Saufen
wie auch beim Paarungsverhalten üblich. Hinsichtlich Aggressivität und Stärke
sind solche Streitigkeiten auf die Artgenossen eingestellt und entsprechend heftig. Zwischen futterneidische Pferde zu geraten, ist für den Menschen lebensgefährlich; Stände, Weiden, Laufställe, Ausläufe usw. sollten deshalb nie von Un-
befugten betreten und müssen entsprechend gesichert werden.

Lernvermögen und Gedächtnis

Beim Menschen wird das Verhalten in hohem Maße durch bewußtes Handeln
gesteuert, bei Tieren durch angeborene und durch Erfahrung ergänzte Program-
me. So lernt auch das Pferd nicht aktiv, sondern ihm wird etwas eingeprägt; es
sammelt Erfahrungen, die wiederum die Voraussetzung für seine erfolgreiche
Nutzung im Interesse des Menschen sind, wenn sie durch uns richtig vermittelt
oder verwertet werden.

Das Lernvermögen des Pferdes ist, gemessen an anderen Säugetierarten wie
Hunden, Primaten, Delphinen und anderen, nur mäßig. Allerdings ist die Lernveranlagung von Pferd zu Pferd individuell sehr unterschiedlich, noch mehr als
zwischen den Pferderassen. Das erfordert ein vollständiges Eingehen auf die

Eigenart des Einzeltieres, wenn ein optimaler Lerneffekt erzielt werden soll. Bedacht werden muß, daß für bestimmte Leistungsanforderungen, wie zum Beispiel eine hohe Dressurklasse, die notwendige Lernveranlagung vorhanden sein muß, wenn man mit einem zumutbarem Zeit- und Arbeitsaufwand ein solches Ziel erreichen will. Infolge der großen Varianz gibt es auch ungeeignete Pferde, die nicht zu bestimmten Leistungen gebracht werden können, auch wenn ihre körperlichen Möglichkeiten entsprechende Voraussetzungen bieten.

Unter Berücksichtigung der Verständigungsmöglichkeiten, die das Pferd aus seinem Verhaltensmuster heraus entwickeln kann, sind folgende Prinzipien des Lernens bzw. Lehrens anzuwenden:

- Herauslösen unerwünschter Verhaltensweisen aus dem angeborenen Muster und Festigung erwünschter Qualitäten der angeborenen Verhaltensmuster des Pferdes
- Einprägen erwünschter Verhaltensweisen durch Erfahrungen, die das Pferd im Umgang mit dem Menschen und seiner Umwelt macht; dazu gehören auch das Ausführen bestimmter Bewegungen und Lektionen (Dressuraufgaben, Springbahnen), das sichere Verhalten im Straßenverkehr und in unserer modernen technischen Umwelt.

Infolge der differenzierten und spezialisierten Erinnerungsfähigkeit des Pferdes müssen ihm die Erfahrungen zum Beispiel für die Technik des Reitens in ganz kurzen Abständen mit ständiger Wiederholung bei gleicher Qualität (wie hinsichtlich der Dosierung der Hilfengebung sowie ihrer Zuordnung zu bestimmten Körperstellen, also „immer auf dieselbe Stelle") vermittelt werden. Das ist auch eine der wesentlichen Ursachen für die hohen qualitativen Forderungen an Sitz und Einwirkung des Reiters oder auch an das allgemeine fachliche Können derjenigen, die mit dem Pferd umgehen, es pflegen, aufziehen und ausbilden.

Die Gedächtnisleistung des Pferdes ist der Fähigkeit seines Gehirns gleichzusetzen, bestimmte Informationen für eine gewisse Dauer zu speichern. Sie hängt unmittelbar mit dem Lernvermögen zusammen. Für das Pferd lassen sich unter anderem folgende Eigenarten nennen:

Das Erinnerungsvermögen für Erlerntes hält zum Teil über Jahre an, ist jedoch sehr spezialisiert.

Das *optisch-motorische* Gedächtnis ist mit einem sehr guten Erinnerungsvermögen an die Stelle verbunden, an der ein bestimmtes, <u>tief</u> wirksames Erlebnis

eingetreten war, so etwa Meideverhalten an einer Stelle, an der „einmal etwas los war". Deshalb scheut das Pferd in unbekanntem Gelände weniger als in der bekannten Umgebung.

Das *Zeitgedächtnis* ist an die Regelmäßigkeit bestimmter Arbeitsgänge im Umfeld des Pferdes gebunden, vor allem an Fütterung, Arbeitsbeginn und -ende und die Stallruhe. Die psychologischen Wirkungen, wie der schon erwähnte Speichelfluß, oder die turbulente Vorfreude auf das Morgenfutter, beginnen schon etwa zehn Minuten vor der „eintrainierten" Uhrzeit, die „biologische Uhr" des Pferdes geht also in diesem Falle zehn Minuten vor.

Das *Ortsgedächtnis* des Pferdes, auf welchem das sichere Zurechtfinden in der bekannten Umgebung, aber auch sein Heimfindevermögen beruht, hängt vor allem vom Geruchssinn ab und ist in der Regel sehr gut ausgeprägt; selbst blinde Pferde finden ihren Stall und dort ihre Boxe. Problematisch ist allerdings, daß der Trieb zum vertrauten Stall, in welchem das Pferd immer Futter und Ruhe gefunden hat, besonders dann groß ist, wenn es sich fürchtet; es läuft in den brennenden Stall zurück, wenn man es nicht mit Gewalt daran hindert.

Das *akustische* (= hörbezogene) *Gedächtnis* funktioniert gut; noch nach Jahren erkennt ein Pferd einen ihm vertrauten Menschen an der Stimme, merkt sich

Kommandos und auch seinen Namen (zweisilbige Worte bevorzugt), letztere allerdings nur bei häufiger Wiederholung.

Das *olfaktorische* (= geruchsbezogene) *Gedächtnis* ist beim Pferd besonders hervorragend. Noch nach vielen Jahren erkennt das Pferd einen bestimmten Menschen, mit dem es tief verwurzelte gute oder auch schlechte Erlebnisse verbindet, an seinem spezifischen Körpergeruch, ebenso das heimatliche Geruchsniveau oder den Stall und bestimmte Gegenstände.

Berücksichtigt werden müssen aber auch folgende Besonderheiten: Das Pferd hat, wie fast alle Säugetierarten, ein nur sehr kurzes *Kurzzeitgedächtnis*, wahrscheinlich höchstens fünf bis zehn Sekunden. Letzteres hat physikalische Grundlagen und dient der Auslösung von Schnellreaktionen wie Flucht und Verteidigung. Deshalb müssen Loben oder Tadeln bestimmter Handlungen sofort erfolgen, da sich das Pferd an die Zusammenhänge - Ursache/Wirkung - nur diese wenigen Sekunden erinnert. Hierbei durch den Menschen gemachte Fehler führen also zu schwerwiegenden Erziehungs- und Ausbildungsmängeln, bedeuten oft Tierquälerei und können eine Qualifizierung im Rahmen der Möglichkeiten des Pferde völlig ausschließen.

Das isolierte *optische* (= sehbezogene) *Gedächtnis* des Pferdes ist sehr schlecht. Dazu zählt deshalb auch, daß es sich nur kurze Zeit und kaum an Personen erinnert, trotzdem es diese „schon einmal gesehen" hat. Den Menschen als Lebewesen erkennt es nur an seiner Gesamtgestalt, nicht an seinen einzelnen Körperteilen, kann also unser Gesicht nicht als Unterscheidungsmerkmal wahrnehmen. Die Bewegung der Gesichtsmuskulatur (= Mimik) sieht es ganz aus der Nähe gut, kann aber die Erinnerung an die jeweilige Person nur über den Geruchssinn und begrenzt über die Stimme herstellen.

Lern- und Erinnerungsvermögen des Pferdes spielen bei den Mutter-Kind-Beziehungen eine besondere Rolle, ebenso bei der Prägung des Fohlens auf seine Mutter, welche die Bindung von der ersten Lebensminute zwischen beiden sichert. Die hormonal gesteuerte, angeborene Phase des Pflegeverhaltens dauert etwa drei bis sechs Tage. Vom siebenten bis zum zehnten Lebenstag wird die Pflegebereitschaft der Mutter nach und nach allein durch den sich ständig wiederholenden Kontakt mit dem Fohlen erhalten. Beim Übergang zwischen der hormonalen und der kontaktbezogenen Pflegephase ist das Pflegeverhalten besonders streßanfällig. Die Stute verhält sich in dieser Zeit besonders ablehnend gegenüber den Mitgliedern ihrer Herde, gegen Artfremde, vielfach auch gegenüber ihrem Pfleger. Auch die Fohlen der Nachbarstuten vertreibt sie. Sie schiebt sich zwischen Mensch und Fohlen, auch zwischen die Sonne oder eine andere Lichtquelle und Fohlen. So bewahrt sie ihr Kind innerhalb der ersten sieben bis zehn Lebenstage vor Prägungsstörungen. Bei mutterloser Aufzucht wird das Fohlen in dieser kritischen Periode auf die Ersatzmutter, so auf den Pfleger, der es mit der Flasche aufzieht, geprägt. Schwierig wird es dann, wenn die Stute während der kritischen Periode eingeht und deshalb schon bestimmte Prägungseffekte auf sie eingetreten sind. Die Ersatzmutter wird dann meist nicht anerkannt und das Fohlen ist nur mit Mühe am Leben zu erhalten, wobei es die normale Wachstumsnorm kaum erreicht.

Der Mutter-Kind-Kontakt wird zunächst durch das erwähnte olfaktorische Gedächtnis der Mutter, später dazu akustisch und optisch gesichert. Etwa erst ab dem zwölften Tag besteht für sie die Notwendigkeit des individuellen Erkennens, da sich ihr Fohlen vorher nicht von ihr entfernt. Trotzdem überprüft die Stute mit der Nase das Fohlen auch dann, wenn sie es visuell wahrgenommen hat. Bis zu sieben Wochen alte Fohlen, die ihre Mütter aus dem Gesichtskreis verloren haben, erkennen in einem Abstand von über zwanzig Metern ihre Mütter noch nicht visuell, sondern laufen erst nach Lautäußerung und Beantwortung ihres Rufes durch die Mutter in Richtung dieses akustischen Signals. Ab zweiter Lebenswoche antworten die Fohlen sicher auf den Ruf ihrer Mutter, sind also akustisch auf sie geprägt. Diese Wirkung verliert sich nach dem Absetzen des Fohlens oder bei erneuter Trächtigkeit der Mutter meist schnell. Bis dahin bleibt aber die Bindung fest erhalten, auch wenn eine Trennung über einen bestimmten Zeitraum erfolgt, beispielsweise durch die tägliche Arbeit. Sinngemäß bezieht sich das auch auf die Ersatzmutter. Jedoch erinnert sich das Fohlen noch nach Jahren an seine Mutter oder Ersatzmutter; Grundlage dafür ist das vorzügliche olfaktorische Gedächtnis, das gerade in diesem Fall mit tiefen Eindrücken verbunden ist.

Gruppenbezogenes Verhalten
(vgl. Abschnitt 4.2 „Fütterung - Einflüsse durch das Pferd/ Rangordnung)

Es kommt bei Pferden zu gemeinsamen Handlungen durch Stimmungsübertragung. Scheut zum Beispiel ein Tier, so kann das ganze Gespann durchgehen; erschrickt ein Pferd in der Herde oder einer Reitabteilung, macht es einen Luft-

Stutenherde in Polen, Gestüt Janów Podlaski.
Foto: J. E. Flade 1973

sprung, so „explodiert" die ganze Gruppe. Angst oder Erschrecken eines einzelnen Pferdes kann die ganze Herde in Panik versetzen. Stimmungsübertragung ist auch Ursache dafür, daß sich der Pulk niederlegt, wälzt, aufsteht oder wiehert, wenn ein Einzeltier erst einmal damit anfängt. Das kann soweit gehen, daß die weiblichen Gruppenmitglieder im Stall das echte Brunstverhalten einer Stute übernehmen, auch dann, wenn dafür keine physiologischen Voraussetzungen vorliegen, sie selbst also nicht rossig sind. Auch Stalluntugenden wie Koppen, Weben, Kettenrasseln übertragen sich bekanntlich auf andere Pferde. Andererseits regt Stimmungsübertragung zum gemeinsamen Fressen und Saufen an oder zum Gehen im gleichen Rhythmus und Takt (Zweispänner, Mehrspänner, Reiterpaare). Bekannt ist, daß bei gemeinsam trainierten Pferden die Rennleistungen höher sind, wenn sie gemeinsam laufen statt allein oder mit fremden Pferden. Auch Jagdpferde „pullen" in der Abteilung des eigenen Stalles heftiger als in fremden Feldern.

Das gruppenbezogene Verhalten ist mit dem angeborenen Zwang zum Aufbau einer Rangordnung verbunden. Deren Gestaltung ergibt sich vorwiegend auf der Grundlage des Alters und Körpergewichtes des Pferdes als Mitglied seiner Gruppe. Dabei wird das Gewicht mit Kraft, das Alter mit entsprechender Erfah-

117

rung gewertet, wobei anscheinend letzteres für die Rangfolge bestimmender als die Körperkraft ist.

Eine bereits bestehende Rangfolge bleibt bei Pferden über lange Zeit erhalten. Als Mitglied der Gruppe behält das einzelne Tier seine Stellung über mehrere Monate auch bei Unterbrechungen und erkennt sie an. Bei Stuten ist das besonders ausgeprägt, je nach Kastrationszeitpunkt auch bei Wallachen. Es gilt vor allem für die Nahrungsaufnahme, das Geschlechtsverhalten sowie den Futter- und Liegeplatz im Laufstall. Das ranghöchste Tier säuft, frißt und - wenn es ein Hengst ist - deckt zuerst. Diesbezügliche Ähnlichkeiten mit menschlichen Verhaltensweisen sind rein zufällig!

Während des Aufbaus einer Rangfolge innerhalb der Gruppe oder der Störung einer vorhandenen durch neu hinzukommende Pferde ist deren Unverträglichkeit am größten. Damit besteht auch erhöhte Verletzungs- und Unfallgefahr. Anfang und Ende einer bestehenden Rangliste sind am stabilsten.

Besonders bei Fohlen sollten Umstellungen und Erweiterungen bestehender Gruppen vermieden werden. Wenn Neuzugänge unumgänglich sind, sollten die Pferde hinsichtlich Alter und Entwicklungsstand (= Gewicht) annähernd denen der Herde entsprechen. Es ist zu beobachten, daß Fohlen ranghoher Mütter sich später ebenfalls auf höhere Rangplätze durchzusetzen versuchen. Die Anlage zu der dafür notwendigen Aggressionsbereitschaft ist offensichtlich im genetischen Potential vorhanden.

Für die Reitausbildung ist unter anderem noch anzumerken:

- Ranghohe Pferde gehen nicht gern am Schluß einer Abteilung; da diese Verhaltensweise angeboren ist, kann sie nur durch systematische Arbeit, nicht aber mit Gewalt verändert werden.
- Gestrafte Pferde fühlen sich im Moment der Strafe rangniedriger als der sie strafende Mensch. Deshalb drängen sie rückwärts, fliehen oder wehren sich, wenn eine Flucht unmöglich ist (Steigen, Schlagen, Pressen usw.). Über solche eventuelle Folgen muß man sich im klaren sein.

Soziale Lebensweise

Der Trieb zum Zusammenhalt (= Herdentrieb) ist sehr stark, da er die entscheidende Schutzfunktion für das Einzeltier darstellt, das auf Dauer nur innerhalb seiner Herde überleben konnte. Diese wiederum fordert eine Einordnung ihrer

Mitglieder durch die Rangfolge und vermittelt dem einzelnen Pferd ein festes Heimatgefühl.

Im Rahmen der Herde sammelt das Fohlen in den ersten Lebenswochen durch seine Mutter wesentliche Erfahrungen und fügt sich so in die Gruppe ein. Im Gegensatz zum Bullen ist der Hengst daran nicht beteiligt. Auch ist die Verträglichkeit der Stuten untereinander schlechter als beispielsweise unter Kühen. Auffallend sind oft bestehende Abneigungen gegen bestimmte „fremde" Fohlen, besonders junge, aber auch gegen Artgenossen oder Artfremde, die bis zur offenen Feindseligkeit gehen können.

Die Herde schützt die Ruhe des einzelnen Mitgliedes, sorgt aber zugleich für Geselligkeit, die sich in gegenseitiger, „sozialer" Hauptpflege, Bewegungsspielen (Bewegung fördert Futteraufnahme und damit das Wachstum, „das Fohlen spielt sich groß") und gemeinsamer Wasser- und Futteraufnahme zeigt. Häufig ist der Herdentrieb des Pferdes schon durch eine Gruppengröße von nur zwei Tieren abzudecken. Solche zweiseitigen Pferdefreundschaften sollten deshalb möglichst geachtet und erhalten werden, denn sie wirken streßmindernd und daher gesundheits- und leistungsfördernd.

Mit seiner Sozialmotivation ist auch die Neigung des Pferdes zu anderen Lebewesen zu begründen, die es in seinen Lebenskreis einbezieht, also als Artgenossen ansieht und behandelt. Das geschieht vornehmlich dann, wenn ihm Beziehungen zur eigenen Art nicht oder nur schwer möglich sind. Das Pferd baut zu diesen Lebewesen soziale Beziehungen auf, die zu festen Bindungen führen können. Bevorzugt werden dabei Tiere, die ebenfalls solche Verbindungen anstreben, wie Ziegen, Schafe, Hunde usw. Solche Partnerschaften sind genau so zu behandeln wie Freundschaften von Pferden untereinander, denn sie decken den Herdentrieb des Einzeltieres ab.

Die Beziehungen des Pferdes zum Menschen kommen ebenso zustande, indem das Pferd auch ihn als Artgenossen akzeptiert, in seinen Lebenskreis einbezieht und von sich aus Bindungen zu ihm eingehen will. Dabei können nur die ihm angeborenen Verhaltensweisen sowie die Erfahrungen mit dem Menschen zum Tragen kommen; das Pferd handelt also auch dabei nicht bewußt. Es „verpferdlicht" (Vertierlichung = *Zoomorphismus*) den Menschen, übrigens mit allen Konsequenzen, so daß es auch mit seinen Maßstäben physisch und psychisch handelt; hierin liegt ja auch das Risiko beim sorglosen und damit ungeeigneten Umgang mit dem Pferd. Wenn der Mensch Beziehungen zum Pferd sucht, dann

So soll es sein: Vollständiges Vertrauen zwischen Mensch und Pferd. Es ist eins der tiefsten Erlebnisse, die man haben kann. Bandos *1964/Janów Podlaski
Foto: J. E. Flade 1974

Solche „Lektionen" gelingen nur ohne Zwang bei vollständigem Vertrauen zwischen Mensch und Pferd. HLP-Sieger Naheed und U. Kern-Goßmann.
Foto: G. Seidlitz 1993

muß er alle diesbezüglichen Überlegungen aus der Sicht und dem Vermögen des Pferdes anstellen, sich also „verpferdlichen" und entsprechend handeln. Andersherum geht es nicht: Die „Vermenschlichung" (= *Anthropomorphismus*) des Pferdes würde bedeuten, ihm menschliche Eigenschaften, Verhaltens- oder sogar Denkweisen zuzuordnen, zu deren Verwirklichung es jedoch, wie andere Tierarten auch, keinerlei Möglichkeiten hat.

Bei der Suche des Menschen nach Beziehungen zum Pferd kommt noch hinzu, daß er sich zwangsläufig vollständig auf das „Pferdeniveau" einstellen muß, weil er nur dann als Herdenmitglied, als Artgenosse, angenommen werden kann. Im Gegensatz dazu stehen beispielsweise unsere Beziehungen zu einer Reihe anderer Tierarten, wie Hund oder Katze: Beide können aus ihrem Verhaltensmuster her den Menschen so akzeptieren, wie er ist, auch wenn er sich nicht „verhundelt" oder „vermiezelt".

Das Streben des Pferdes nach Anschluß an Artgenossen oder andere Lebewesen drückt sich unter anderem wie folgt aus:

- Suchen körperlicher Berührung mit einem vertrauten Wesen, auch zartes Fassen der Haut mit Lippen und Zähnen,
- leises, gedämpftes Wiehern bei bevorstehender Begegnung,
- Flucht zu vertrauten Wesen, Objekten und Revieren bei Furcht,
- Annähern an gefährlich erscheinende Objekte gemeinsam mit vertrauten Wesen,
- Nachlaufen hinter vertrauten Wesen, Umspringen vertrauter Wesen.

Für den Menschen bedeuten diese Verhaltensweisen insbesondere:

- So häufig wie mögliche Nutzung des Körperkontaktes und der Stimme zur Kommunikation,
- Putzen und Streicheleinheiten als Ausgleich für die „Soziale Hautpflege" der Pferde untereinander,
- überlegter Umgang, keine Aggression und Hektik, nichts „Unpferdliches",
- unbedingte Zurückhaltung, angepaßt an die große Sensibilität, Vermittlung des Sicherheitsgefühls der Herde bzw. des Artgenossen.

5. 4 Sinnesleistungen

Die Sinnesleistungen dienen grundsätzlich der Erhaltung der Art und sind beim Pferd Ergebnis seiner langen stammesgeschichtlichen Entwicklung. Sie sorgen unter anderem für:

- seine Orientierung im Revier und im Raum,
- seine Erinnerungsfähigkeit und damit
- seine Sicherheit und seinen Schutz, auch im Rahmen der Herde.

Infolge der intensiven und raschen Erregbarkeit seines Nervensystems sowie der spezifischen Leistungen seiner Sinnesorgane ist das Pferd sehr empfindsam. Auch hier gibt es eine große Individualität, die bei der Haltung allgemein sowie bei der Aufzucht und Nutzung zu berücksichtigen ist, wenn man zu guten Ergebnissen kommen und dabei den Bedürfnissen des Tieres entsprechen will. Wegen der Besonderheiten der Sinnesleistungen beim Pferd können menschliche Maßstäbe auch hier nicht angelegt werden. Generallinie muß sein, seiner ausgeprägten Sensibilität durch behutsamen, geduldigen, zugleich aber auch konsequenten Umgang zu entsprechen.

Geruchs- und Geschmackssinn

Neben dem Tastsinn sind sie die ältesten Sinne, die sich während der Evolution herausgebildet haben. Sie dienen ganz allgemein der Befriedigung des Erkundungstriebes, der ja eine wesentliche Schutzfunktion hat, im einzelnen der

- Kontaktaufnahme,
- Kontaktsicherung und
- Kontaktpflege.

Damit sind sie die wichtigsten Sinnesorgane des Pferdes für Aufnahme und Festigung der Beziehungen auch zum Menschen. Sie sind äußerst sensibel ausgebildet und die Grundlage für lang anhaltende Erinnerungen an Vorgänge oder Personen, die mit einem bestimmten Geruch verbunden waren oder sind. Damit wird zugleich auch über Sympathie bzw. Antipathie entschieden. Bei Hauspferden können diese Sinne durch ständige Gewöhnung verflacht oder für bestimmte Gerüche ganz ermüdet sein, beispielsweise für Blutgeruch bei Metzgereipferden.
Das Pferd verhält sich ablehnend gegenüber ihm unangenehmen Gerüchen wie die der eigenen Exkremente, Blutgeruch, Gerüchen bestimmter anderer, meist unbekannter Tierarten oder Schweißgeruch des - fremden - Menschen. Das zwingt zum Sauberhalten von Liegeflächen, Boxen, Fütterungseinrichtungen, gilt für die Arbeit des Tierarztes, für Verladung, Transport und den Aufenthalt in fremden Bereichen (Personen, Wasseraufnahme, Futtermittel usw.) und vieles andere.
Die Witterungsfähigkeit für Wasser, für den Geruch bestimmter Objekte (Stall, Tiere, bestimmte Menschen usw.) kann viele Kilometer überbrücken. Das Pferd ortet unterirdische Quellen oder auch bei totaler Finsternis Bauten von Nagetieren und tritt nicht hinein (deshalb unter solchen Umständen dem Pferd im Gelände genügend Zügelfreiheit lassen), völlig blinde Pferde finden ihren Stall oder ihren Stallplatz - nur mit der Nase.
Das Pferd unterscheidet Menschen voneinander nach ihrem speziellen Geruch, in der Werbung „Duft" genannt, und hat dafür ein sehr gutes Gedächtnis. Seine Kontaktaufnahme wird deshalb durch gründliches Beriechenlassen der geruchsspezifischen Körperstellen, wie der offenen Hand, der Achselhöhle und vor allem der südlicher gelegenen Teile, durch zartes Blasen in die Nüstern sowie durch - gleichbleibende - Kleidung (deshalb möglichst wenig „Personal"- und

Kleidungswechsel) begonnen, erneuert und gefestigt. Auch die Bevorzugung von Männern oder Frauen hat im feinen Geruchssinn unserer Pferde ihre Ursache; Kinder werden bis zur Geschlechtsreife kaum differenziert. Aus den je nach Erregungsstatus auch in seiner Intensität wechselnden Körpergeruch des Menschen kann das Pferd den aktuellen psychischen Zustand seines ihm bekannten Betreuers, Fahrers oder Reiters ableiten; für das Pferd liegt also das Herz des Menschen nicht auf der Zunge, sondern in seinen Schweißdrüsen! Die Volksweisheit, nach der sich der momentane Zustand des Reiters auf seine Pferd überträgt, ist sicher damit zu begründen, wobei jedoch auch noch anatomisch-physiologische Ursachen zu nennen wären.

Ruhiges Informieren über furchterregende Gegenstände mit der Nase überzeugt das Pferd vor deren Harmlosigkeit. Dank seines hochentwickelten Geruchs- und Geschmackssinns verweigert es unbekanntes, unzuträgliches Futter oder Wasser, weitgehend auch Giftstoffe; da dieser Sinn aber verflachen kann, wie schon erwähnt wurde, funktioniert er nicht immer zuverlässig. Andererseits ist er trainierbar: So kann man Pferde an fremdes Wasser sowie besondere Futterstoffe wie Silage, Harnstoff, Strohpellets bis hin zu Trockenfisch, Wurstbrot und andere gewöhnen. Diese Gewöhnung ist immer individuell, dauert oft längere Zeit und muß wie jeder generelle Futterwechsel unter strenger Beachtung ihrer Verdauungsphysiologie allmählich und mit genauer Sachkenntnis vorgenommen werden.

Die genaue Prüfung unbekannter Gerüche geschieht durch das „Flehmen" also den Verschluß der Nüstern durch Einstülpen der Oberlippe bei maximal nach vorn-oben gestrecktem Kopf und dadurch Beförderung der Geruchsstoffe durch Lippen und Zunge direkt zum Mundhöhlendach ins Jacobson'sche Organ. Dort wird die Geruchsempfindung, die für menschliche Vorstellungen schon im Normalfall unvorstellbar fein ist, noch verstärkt.

Gesichtssinn

Das Sehvermögen des Pferdes ist vielseitig für seinen Schutz und für seine Orientierung ausgebildet und schneller als jede andere Sinnesleistung wirksam. An anderen Säugetierarten gemessen hat das Pferd große Augen. Die Form seines Kopfes und die je nach Rasse, Geschlecht und individueller Ausprägung unterschiedliche Lage seiner Augen lassen gegenüber der Umgebung ein weites

Blickfeld von zusammen etwa 300° zu, das durch geringe seitliche Kopfbewegungen zur totalen Rundsicht erweitert werden kann. So vermag das Pferd Objekte wahrzunehmen, die sich hinter ihm oder seitlich von ihm befinden. Für Reiter, Fahrer und Pfleger ergibt sich daraus, daß Pferde oder Gespanne vor Gegenständen, die plötzlich hinter ihm auftauchen, zu fliehen versuchen, vor allem, wenn ihnen diese unbekannt sind. So müssen sie sich beispielsweise erst an überholende Fahrzeuge gewöhnen, ebenso an seitliche Hand- oder Kleiderbewegungen aus der Kutsche, an flatternde Kleidungsstücke des Reiters, aber auch an die Fahr- und Longierpeitsche oder die unsachgemäß benutzte Gerte.

Je seitlicher die Pferdeaugen liegen, desto mehr Ablenkung dorthin ist gegeben (um das zu vermeiden gab es schon frühzeitig Scheuklappen, zum Beispiel bei Rennpferden bereits im 18./19. Jahrhundert), je frontaler sie schauen können, desto mehr Konzentration nach vorn ist möglich. Deshalb gelten solche Pferde auch als „intelligenter".

Das Pferd kann nicht räumlich sehen; es hat daher Schwierigkeiten beim Schätzen von Entfernungen, beispielsweise beim Taxieren der Tiefe eines Hindernisses, und handelt diesbezüglich nach seinen Erfahrungen. Seine vordere Blickzone ist infolge seiner Schädelform eingeengt, so daß es nur durch Kopfbewegungen nach der Seite und eingeschränkt nach oben diese Zone erweitern kann. Deshalb darf der Reiter diesen Orientierungsbedarf in seinem eigenen Interesse nicht begrenzen.

Auf der Weide, im Wald und in der freien Wildbahn legt auch das Hauspferd seine Pfade im Zickzack an, da dadurch eine vollkommene Rundsicht möglich ist; so ist es im „Ernstfall" nicht auf hinderliche Orientierungen durch Kopf- und Körperbewegungen angewiesen, sondern es kann schnell fliehen.

Das Pferdeauge hat eine schlechte Akkommodation, also eine nur mangelhafte Fähigkeit, sich auf die erforderliche Entfernung scharf einzustellen. Der Augenhintergrund ist - im Gegensatz zu dem beim Menschen - unregelmäßig gekrümmt; so ist das Pferd gezwungen, durch Heben oder Senken seines Kopfes die optimale Scharfeinstellung zu finden. Das gilt vor allem für den Sehnahbereich unter fünf Metern. Deswegen nehmen spärlich geschulte und wenig erfahrene Springpferde vor dem Absprung mit zunehmender Annäherung an die Absprungstelle den Kopf hoch, um ihr vorderes Blickfeld entsprechend anzupassen. Bei genauer Kopfstellung können Bewegungen bis um vierhundert Meter noch als solche erkannt werden (= Frühwarnung), aber nur unscharf. Unter fünf Metern werden dagegen schon geringfügige Veränderungen, beispielsweise in der Mimik der Stallgefährten - Muskelanspannung vor dem Ausschlagen, beginnende Veränderung der Ohrmuschelstellung, Maulwinkelung usw. -, nach intensiven Kontakten und Dressurmaßnahmen auch des Menschen erkannt und aus der jeweiligen Erfahrung gedeutet. Eingeschlossen sind Bewegungsschwingungen zum Beispiel mit der Augenbraue des Dompteurs von minimal nur etwa 0,2 Millimetern, die für zirzensische Vorstellungen wie „rechnende" oder „lesende" Pferde oder Gruppendressuren genutzt werden. Die Ursache für diese Spitzenleistung liegt in der Stabsichtigkeit des Pferdes: Infolge des unregelmäßig gekrümmten Augenhintergrundes werden die einfallenden Lichtstrahlen nicht in einem Punkt, sondern in Punktreihen gesammelt. Damit werden die Seheindrücke für Bewegungen verstärkt, wie vorstehend erwähnt besonders im Nahbereich. Die Empfindlichkeit für das Bewegungssehen erklärt auch solche Verhaltensweisen wie Bodenscheue, plötzliches seitliches Wegspringen, schnelles Durcheilen von Wegverengungen (Stalleingänge, schmale Brücken, enge Verkehrsräume), die vom Menschen zu beachten sind. Hier gibt es auch Möglichkeiten der Gewöhnung, die zum Bestandteil des täglichen Erziehungsprozesses gehören.

In der Dämmerung sind Sehstärke und -schärfe beim Pferd im Vergleich zu anderen Säugetieren hervorragend. Dafür sorgt ein fluoreszierender, zinkhaltiger Schirm im Augenhintergrund, der als Reflektor wirkt und die Wirkung der Lichtstrahlen auf das Sehzentrum verstärkt. Ein Pferd orientiert sich also in der Dunkelheit sehr sicher, ausgenommen ist die totale Finsternis, in der es sich nur auf seinen exquisiten Geruchs- und begrenzt auch auf seinen Tastsinn verlassen kann.

Farben werden vom Pferd gesehen, aber der Bereich ist, gemessen an dem des Menschen, stark eingeengt: Es sieht die am Ende des Spektrums liegenden Farben blau und rot sehr schlecht oder gar nicht. Gelb wird am zuverlässigsten, Grün nicht ganz so sicher von anderen Farben unterschieden. Die ohnehin geringe Sehschärfe verhält sich entsprechend und ist im Blau-Rot-Bereich gering, im Blau-Grau-Bereich kaum vorhanden. Es gehört deshalb zu den bedeutenden Leistungen, ein Pferd zu eindeutigen Reaktionen auf bestimmte Farben zu dressieren.

Die Blickrichtung des Pferdes ist mit der aufrechten Stellung seiner Ohrmuscheln gekoppelt. Trotz der großen Augen schaut es den Menschen nur an, wenn es zugleich seine Ohren spitzt. Da es aber infolge der Anatomie der Kopf-Genick-Hals-Zone nach vorn-unten blicken muß, sieht es in dieser „Normalstellung" ausschließlich Objekte in dieser Richtung. Nur wenn man sich klein macht oder das Pferd eine hohe natürliche Aufrichtung hat, läßt sich direkt in seine Augen sehen und umgekehrt.

Es soll noch angemerkt werden, daß sich das Pferd beim Unterscheiden zwischen verschiedenen Artgenossen, Tierarten und Menschen mit seinem Gesichtssinn nur an der Gesamtgestalt des Lebewesens, also an seiner Silhouette, nicht aber an Körperteilen orientiert. Vor unbekannten Tiergestalten kann es stark erschrecken, vor einzelnen Körperteilen, die es erblickt, kaum oder überhaupt nicht.

Gehörsinn

Das Gehör der Pferde ist ausgezeichnet entwickelt. Sie reagieren sehr intensiv auf Schallreize und beantworten diese mit bestimmten Verhaltensweisen. Die Benutzung der Stimme im Umgang mit dem Pferd ist deshalb immer sinnvoll und sorgt für einen ständigen Kontakt mit allen seinen Vorzügen. Durch lautes Sprechen und Lärm wird das Pferd gestreßt. Im tiefen Bereich wirkt die menschliche Stimme beruhigend, noch mehr das tonlose Flüstern oder Wispern (= „groomy talk"). Das entspricht etwa dem Frequenzbereich des Wieherns - hoch = erregend und erregt, tief = beruhigend und beruhigt.

Der Gehörsinn ist trainier- und auch ermüdbar. Pferde gewöhnen sich rasch an Geräusche, werden also gegenüber Verkehrslärm, Beifallsrauschen, Lautsprechern, auch Schnalzen und anderen Lauten schnell abgestumpft.

Der Erkundungstrieb zwingt das Pferd dazu, Ohrmuscheln und Kopf der Lärm-und/oder Interessenquelle (auch wenn diese keine Geräusche abgibt) zuzuwenden. Ortet es diese nicht sicher, wird eine Ohrmuschel der anderen entgegengestellt. Besteht kein Interesse oder liegt das Ziel der Aufmerksamkeit hinter seinem Kopf (Reiter, Fahrer), sind beide Ohrmuscheln nach rückwärts geöffnet. Das hat nichts mit dem „Anlegen" der Ohrmuscheln zu tun, die ein Zeichen höchsten Unbehagens und unmittelbar bevorstehender oder ablaufender Abwehrhandlungen sind. Besonders bedeutsam für das äußerliche Erkennen bestimmter Verhaltensweisen ist, daß auch dann Ohrmuscheln und Kopf einer Interessenquelle zugewandt werden, wenn von dieser keine Geräusche ausgehen.

Die Stellung der Ohrmuscheln ist entscheidende Grundlage der Mimik des Pferdes. Auch Droh- und Unterlegenheitsgebärden sowie Desinteresse werden durch sie gekennzeichnet.

Beispiele für die Hinwendung des Kopfes mit gespitzten Ohren sind : Verabreichung von Wasser oder Futter oder ihre Erwartung, Herangehen und Kontaktaufnahme (auch versuchte) mit Stallgefährten, anderen Tierarten oder mit dem Menschen; aber auch Fixieren des Hindernisses vor und während des Absprungs oder «Ansehen» der Landestelle aus der Position der Schwebe- und Landephase sind zu nennen, weiterhin natürlich ganz allgemein das Anstarren unbekannter, deshalb gefährlich erscheinender Gegenstände.

Bei völliger Konzentration auf eine Aufgabe kann das Interesse des Pferdes an seiner Umwelt zurückgedrängt oder aufgehoben werden. Hat man bei einem Reit- oder Fahrpferd dieses Stadium erreicht, ist der Weg für eine momentane optimale Leistung frei. Äußerlich wird dies am Zurückdrehen der Ohrmuscheln in Richtung Reiter, Fahrer oder Voltigeur erkennbar, oftmals in Verbindung mit dem Entspannen der Muskeln, welche die Ohrmuscheln stabilisieren. Ihr Zurückdrehen erfolgt meist stufenlos und ist von der individuellen Erregbarkeit sowie der aktuellen Erregung des Pferdes abhängig.

Schallreize werden vom Pferd auch mit Motorik, also mit einer bestimmten Bewegungsfolge, vor allem aber mit taktmäßigem Eingehen auf die Rhythmik der Schallreize beantwortet (man denke an das Schnalzen als angebliche „Hilfe", wobei das Pferd schnell abstumpft). Pferde haben deshalb auch eindeutige Zuneigung zur Musik, wobei sie offensichtlich bestimmte Rhythmen bevorzugen, die ihrem Takt- und Bewegungsvermögen entsprechen und auch nur in diesem Rahmen variiert werden können. Sie hören sie gern, gehen mit mehr Engagement, demzufolge mit mehr Schub und dem darausfolgenden Schwung, wobei sich auch der Reiter mit mehr Beschwingtheit seinem Pferd widmet. Hierbei ist daran zu denken, daß der Gehörsinn des Pferdes schnell abstumpft; besonders die Lautstärke solcher Begleitmusik muß dieser Eigenschaft Rechnung tragen. An gut geleiteten Zirkus- und Schauorchestern kann man erkennen, wie wesentlich Musik zum Gelingen schwieriger Pferdedressuren beiträgt; schon die Römer haben beschrieben, daß und wie sich Pferde durch Musik anlocken lassen.

Neben vielem anderen ist noch erwähnenswert, daß das Pferd nur geringes Interesse zu haben scheint, nach oben zu hören, zu sehen oder zu wittern. Möglicherweise kennt es aus Erfahrungen die Hindernisse, die der Kopf-Genick-Hals-

Bewegung in dieser Richtung im Wege stehen. In geschlossenen Räumen, beispielsweise in Reithallen, besteht jedoch - sehr individuell - die Tendenz dazu. In unklaren oder unvermittelt neuen Situationen, beispielsweise wenn man unverhofft auf die Futterkrippe tritt, um die Fenster zu öffnen, oder Düsenjäger plötzlich im Tiefflug über eine Koppel rasen, ängstigt sich das Pferd und versucht zu fliehen. Gewöhnung ist aber möglich.

Tastsinn

Hier handelt es sich um einen besonders sensiblen Sinn des Pferdes: Haut, Muskeln, Haarwurzeln des Felles sowie der Tasthaare im Maulbereich empfinden die Berührung ganz stark, wenn auch mit individuellen Unterschieden und Differenzierung zwischen den Rassen. Besonders sensibel sind die Vollblutrassen und die von ihnen beeinflußten Warmblutrassen. Sie besitzen eine sehr feine, dünne Haut und ein zartes Haarkleid. Als „Dickhäuter" gelten Kaltblutpferde und auch einige Kleinpferde- bzw. Ponyrassen; aufgrund ihres speziellen Gewebeaufbaus kann man deren Tastsinn etwas mehr zumuten. Aber auf jeden Fall müssen Pferde stets vorsichtig und rücksichtsvoll behandelt werden. Das trifft natürlich für Fohlen und Jungpferde besonders zu, die sich erst nach und nach an das Anfassen (besonders Beine und Bauch), Putzen, später an das Drücken und Reiben von Geschirr- oder Sattelzeug gewöhnen können.

Die Haut als Sitz des Tastsinns enthält pro cm² etwa tausend Schweißdrüsen sowie fünfhundert Nervenendigungen, die verschieden verteilt sind; sie bindet rund ein Drittel der Blutmenge und ist auch am chemischen Stoffwechsel intensiv beteiligt. Ihre zahlreichen physikalischen Funktionen bestehen unter anderem in der Anpassung an Temperaturschwankungen (zum Beispiel ermöglicht der Panniculus-Muskel das Zittern und damit das Erwärmen des Körpers). Der Tastsinn ist, wie bei anderen Säugetieren und beim Menschen auch, passiv; eine Ablenkung durch andere Interessen ist nur schwer möglich. Damit läßt sich die positive und komplexe psychologische Wirksamkeit von Streicheleinheiten auf das körperliche Wohlbefinden, die Erinnerung daran und das ständig wiederkehrende Bedürfnis danach gut erklären; alles andere (Unruhe, negativer Streß, Angst, beim Menschen auch der „Verstand", usw.) tritt eben weit dahinter zurück oder wird überdeckt, so daß deshalb Entspannung und Erholung die Folgen sind.

Der Tastsinn dient dem Pferd unter anderem

- zur Kontaktaufnahme, besonders aber
- zur Kontaktsicherung und Kontaktpflege

und entscheidet damit wesentlich über seine Sympathien und Antipathien. Er ist damit, ähnlich wie der Geruchssinn, für die Schaffung der Beziehungen zwischen Pferd und Mensch mit ausschlaggebend.

Negativ empfunden werden beispielsweise:

- grobe mechanische Einwirkungen auf die Haut generell,
- grobe Einwirkungen auf besonders empfindliche Hautbereiche, wie beispielsweise auf das Maul und seine Umgebung, den Bereich der Schenkellage sowie auf die Sattel- und Geschirrlage,
- ständige mechanische Einwirkungen auf die Haut bzw. bestimmte Flächen, zum Beispiel durch übermäßig langes, weil unsystematisches, Putzen,
- extreme physikalische oder chemische Einwirkungen auf die Haut.

Positive Empfindungen werden unter anderem ausgelöst durch:

- Aufnahme und Erhalt des Mutter-Kind-Kontaktes,
- jede Art von einfühlsamem Körperkontakt, von Berührungen (Achtung: Pferde können an bestimmten Stellen krabbelig sein!) und Streicheleinheiten, je häufiger, desto vertrauter und wirksamer.

Wenn der Mensch das Pferd nicht sucht, um den Kontakt mit ihm zu pflegen, wird das Pferd infolge der Passivität seines Tastsinns zu ihm kommen wollen, denn es kann ihn durch die Sprache dazu nicht auffordern. Wer diese Kontaktsuche zurückweist, verhindert die Erfüllung der Zuneigung seines Pferdes, was schließlich dauerhaft sein und damit den entscheidenden Verlust der Freude und Erholung durch den Umgang mit einem Tier bringen kann. Das Pferd erwidert dagegen Körperkontakt sehr gern und „pferdlich" - man denke beispielsweise an die „soziale Hautpflege" (siehe Abschnitt 5.3 „Verhaltensprogramme des Pferdes/Soziale Lebensweise") mit den blauen Folgen für das eigene Hinterteil.

Der Tastsinn ist an bestimmten Stellen besonders fein. So findet das Pferd mit den Lippen kleinste Fremdkörper aus dem ihm angebotenen Futter heraus, wobei sein hervorragender Geruchssinn unterstützend wirkt.

Durch ständige Reizung schwächt sich der Tastsinn ab, wenn auch nur langsam. Bis zu einem gewissen Grade kann sich das Pferd also an Hautreizungen gewöhnen, wobei die großen individuellen und rassenbedingten Unterschiede bedacht werden müssen. Im Gegensatz zum Gehörsinn ist der Tastsinn nicht völlig abzustumpfen.

Die Gestaltung von Einwirkungen und Hilfen durch Reiter und Fahrer ist dem Tastsinn des Pferdes in besonderer Weise anzupassen und grundsätzlich nur dezent vorzunehmen. Das bezieht sich vor allem auf die Schenkelhilfen, die Zügel-, Leinen- und Gertenführung sowie auf das Benutzen der Fahr- und Longierpeitsche. Nur so kann die Reizschwelle des Tastsinns niedrig gehalten oder herabgesetzt werden und das Pferd für Details und Nuancen der Hilfengebung, wie sie vor allem in mittleren und höheren Klassen des Pferdesports unerläßlich sind, empfänglich bleiben. Deshalb dürfen „klopfende Schenkel", Sporen an „unruhigen Schenkeln" nicht geduldet werden.

Insgesamt ergibt sich also: So ablehnend das Pferd infolge seines empfindlichen Tastsinns auf grobe und plötzliche Einwirkungen reagiert, so positiv wirken sich Liebkosungen, Streicheln oder Klopfen mit der Hand aus; dabei unterscheidet das Pferd feinste Unterschiede und „weiß genau, wie es gemeint ist". Unter diesen Gesichtspunkten ist der Tastsinn zum Aufbau und Erhalt unserer Beziehungen zum Pferd sowie im Umgang und bei der Arbeit mit ihm unter Berücksichtigung seiner spezifischen Verhaltensweisen besonders sorgfältig zu beachten.

Gleichgewichtssinn

Er liegt im inneren und mittleren Ohr sowie in den großen Stirnhöhlen des Pferdes. Ihm unterliegen eine Reihe von Kontrollfunktionen, von denen einige auch für den Menschen wissenswert sind. So regelt er unter anderem

- Körperbewegungen, Fußfolge,
- Händigkeit,
- Gleichgewicht in der Bewegung,
- Gleichgewicht und Stellung im Raum (Mensch: aufrecht),
- Verhältnis zum Boden (beispielsweise beim Sprung oder im Wasser)

und vermittelt das Erkennen von Vibrationen von geringster Intensität, so Schritte oder geringfügige Erderschütterungen, weswegen sich Pferde meist rechtzeitig vor Erdrutschen in Sicherheit bringen oder vor Erdbeben ihren Stall verlassen (in Asien erfolgt die Erdbebenvorwarnung auch durch Pferde).

Der Gleichgewichtssinn ist sehr stabil. Nur mehrjährige, regelmäßige, methodisch ganz konsequente Einwirkungen, wie beim Abbau der „Natürlichen Schiefe", also der angeborenen Händigkeit des Pferdes, durch den Reiter können ihn verändern. Es ist deshalb immer zweckmäßig, sich über die Rechts- oder Linkshändigkeit sowie über deren Intensität klar zu werden, bevor man es langfristig ausbildet.

5. 5 Ruhe und Schlaf

Die notwendige Ruhedauer beträgt beim erwachsenen Hauspferd etwa sieben Stunden, kann aber auch unterschiedlich toleriert werden. Das hängt auch vom Anteil des tatsächlichen Schlafes an der Ruhezeit ab. Für ranghohe und Leittiere, die der Streßwirkung besonders ausgesetzt sind, ist eine Verkürzung der Ruhe- und Schlafdauer nachweisbar. Mit zunehmendem Alter und der damit verbundenen höheren Stellung in der Herdenhierarchie tritt eindeutig eine Verkürzung der Schlafphase (Hauptmaximum) zugunsten anderer Funktionen wie Bewegung oder Nahrungsaufnahme ein.

Vom Pferdehalter muß beachtet werden, daß bereits das Aufsuchen des Schlafplatzes den psychischen Ruhezustand seines Pferdes einleitet. Dazu wählt es eine geeignete Stelle in der Boxe, im Auslauf oder auf der Weide, die es in der Regel entsprechend seinem Suchverhalten immer wieder zum Schlafen aufsucht. Auch durch den Menschen ist dieser Bereich zu achten, um negative psychologische Auswirkungen auf das Pferd zu vermeiden.

Es gibt verschiedene Ruhe- und Schlafstellungen, die für die Erholung der Pferde notwendig und für den Pferdehalter wissenswert sind. Dazu gehören die eingerollte Bauchlage, Bauch-Seitenlage, gestreckte Seitenlage, auch die Kauerlage, meist mit aufgestütztem Maul, sowie das Stehen, das aus anatomischen Gründen mit einer ständig wechselnden Belastung der Hinterbeine verbunden ist.

Die Ruhelagen der Säugetiere entsprechen weitgehend ihrer phylogenetischen Entwicklung. Deshalb ist die Hauptlage für Ruhe und Schlaf auch beim Pferd von der im Embryonalzustand bestimmt und durch angewinkelte Gliedmassen markiert. Kennzeichnend bis zum Alter von eineinhalb Jahren ist die eingerollte Bauch- sowie die Bauch-Seitenlage, die deshalb auch infantile Ruhestellung genannt wird. Mit fortschreitender Jugendentwicklung des Fohlens wird sie in die für das erwachsene Pferd typische Normallage umgebildet und ist dann nach etwa dem vierten Jahr kaum noch zu beobachten. Kauer- und gestreckte Seitenlage sowie das Stehen sind als Ruhe- und Schlafstellungen für seine gesamte Lebenszeit bezeichnend. Ganz selten ist das „Ruhesitzen" (eventuell auch zur Schmerzlinderung bei einer Kolik).

Wissenswert ist, daß sich Pferde nach einem festen Zeremoniell hinlegen bzw. erheben, wie es übrigens auch bei anderen Huftierarten der Fall ist. Das Hinlegen erfolgt nach vorhergehenden Scharr- und Drehbewegungen bei zugleich beginnenden abwechselnden Einknicken der Vorderbeine und anschließendem Fallenlassen des Körpers; dabei richtet das Pferd den Kopf nach dem Liegeplatz. Dieses Verhalten läßt sich als Bedürfnis nach einer zweckmäßigen Vorbereitung der Liegemulde deuten und ist im Normalfall fester Bestandteil des Rituals. Das Aufstehen beginnt mit dem einzelnen Herausstrecken der Vorderbeine und dem Nachsetzen sowie Aufrichten der Hinterhand. Sehr strapazierten oder älteren Pferden bereitet das Fallenlassen meist mehr oder weniger große Schmerzen; auch das anstrengende Aufstehen kostet sie viel Mühe. So ziehen sie das Stehen als Ruhe- und Schlafstellung dem Liegen vor. Der Pferdehalter muß die Details vor allem des Aufstehens kennen, um sein Tier eventuell bei Unfällen, Ausrutschen, Festliegen oder auch bei Krankheiten richtig unterstützen zu können.

5. 6 Fortpflanzungsverhalten

Das allgemeine Fortpflanzungsverhalten des Pferdes ist von zahlreichen inneren und äußeren Wirkungsfaktoren abhängig, von denen hier nur einige genannt werden können.

Es gilt: Je höher die Entwicklung des Großhirns einer Säugetierart ist, desto größer ist dessen Einfluß auf das Fortpflanzungsverhalten. Damit geht auch die Empfindsamkeit des Tieres gegenüber Einflüssen auf dieses höherentwickelte Nervensystem einher; Streßwirkungen, ob positiv oder negativ, beziehen sich zum Beispiel direkt auf das endokrine, damit also auf das hormonelle System. Da die Art „Pferd" zu den höheren Säugetierarten gehört, muß also auch diesbezüglich mit seiner großen Sensibilität, die seinen Status insgesamt betrifft, gerechnet werden. Quantitative Unterschiede in der Intensität seines Fortpflanzungsverhaltens sind weitgehend erblich bedingt. Bekannt ist, daß die Intensität der Decklust aber mit steigendem Inzuchtgrad sinkt. Das Paarungsverhalten ist nicht von vornherein entwickelt, sondern stellt einen Reifungsvorgang dar. Mit der altersbedingten Erfahrung verbessert sich jedoch unter anderem zusätzlich die Decktechnik des Hengstes. Deshalb werden seine besonders versierten Geschlechtsgenossen auch als sogenannte „Probierhengste" verwendet, die zwar möchten, aber nicht dürfen und sich trotzdem beherrschen lassen.

Normales Fortpflanzungsverhalten setzt Kontakte mit Artgenossen voraus. Wie schon erwähnt wurde, ist hierbei die Rangfolge als ein weiteres Regulierungselement anzusehen: Wer oben steht, frißt und säuft nicht nur bevorzugt, er deckt auch zuerst oder versucht es wenigstens! Hengste haben ein äußerst intensives Paarungsverhalten. Sie orientieren sich dabei am Sexualgeruch der Stute (Geschlechtsteile, Kot, Harn), aus dem sie den aktuellen Stand der Paarungsbereitschaft, also den Ovulationsstatus, entnehmen und damit den günstigsten Zeitpunkt der Bedeckung. Der dabei typischen Intensivierung der Geruchsprüfung dient das schon besprochene „Flehmen".

Zum Fortpflanzungsverhalten der Hengste gehören, wie auch bei anderen Säugetierarten, die Rivalenkämpfe. Sie werden schon im Fohlenalter spielerisch geübt, auch von Stutfohlen (= bisexuelle Verhaltensweise auch beim Pferd). In freier Wildbahn können sie zu schweren Verletzungen oder zum Tode führen. Auch Hauspferdehengste sind untereinander meist unverträglich; diese Eigenschaft ist allerdings zum Teil erziehungs- und rassebedingt, weiterhin klimaab-

Arabisches Vollblut. Schon beim Jährlingshengst werden Rasse- und Geschlechtstyp deutlich erkennbar. Hamasa Saad *1990/Treis
Foto: T. Míček 1991

hängig. Kämpfende Hengste trennen zu wollen ist für den Menschen lebensgefährlich! Hengste, die noch nicht gedeckt haben, vor allem Junghengste, kann man noch aneinander gewöhnen. Zuchthengste sind in der Regel jedoch getrennt zu halten, aber möglichst so, daß sie sich sehen und beschnuppern können. In berittenen Gruppen müssen die notwendigen Abstände, auch seitlich, gewahrt werden. Im Gespann ist dafür zu sorgen, daß Hengste beim Halt nicht zusammengeraten.

Mit für die Säugetiere einmaliger Intensität und Heftigkeit vollzieht der Hengst die eigentliche Paarung. Aber Stute und Hengst betreiben das Vorspiel gleichermaßen; es schafft die Paarungsstimmung und hat direkten Einfluß auf die von der sexuellen Erregung der Partner abhängigen physiologischen Vorgänge.

Es ist notwendig, auf die Erotisierung und psychische Resonanz der Stute schonend und fördernd einzugehen. Hier sei darauf verwiesen, daß offensichtlich auch bei der Stute der Orgasmus ausgelöst werden sollte, um optimale psychische Reaktionen und möglicherweise auch mehr Chancen für die Befruchtung zu erreichen. Es ist so, daß durch die Paarung die Rossedauer der Stute verkürzt

Das höchste der Gefühle - die Konzentration auf sein Innenleben überwindet auch bei diesem 20jährigen alle Vorsicht. Das Fesseln mag manchem als nicht artgerecht erscheinen. Es ist aber ein häufig angewendetes Mittel, um zu verhindern, daß z.B. junge, unerfahrene Stuten nach dem Hengst schlagen. Dabei können Stute und Hengst ernsthaft verletzt werden. Es genügt völlig, wie hier gezeigt, nur ein Hinterbein der Stute zu fesseln. Zu beachten ist dabei, daß das Seil straff gehalten wird, damit sich Hengst und Stute nicht im Eifer des Gefechtes darin verheddern.
Foto: H. Reinhard 1982

wird: ihre zugeordneten Hormonreserven nehmen mit der Nähe der Endhandlung, also der Erfüllung des Fortpflanzungstriebes, ab. Ist ihr Vorrat erschöpft, der Paarungstrieb erfüllt, ist die Rosse zu Ende.

Die sexuelle Erregung der Stute ist von der des Hengstes weitgehend abhängig. Selbst während eines hohen Erregungszustandes werden aber ihre anderen Lebensfunktionen kaum unterdrückt, zum Beispiel die Nahrungsaufnahme. Deshalb ist die Beeinflussung ihres Paarungsverhaltens durch äußere Einflüsse kaum möglich. Aber die erwähnten Verhaltensprogramme für „Selbstschutz" und „Fortpflanzung" können sich überlagern, so daß eventuell das Fortpflanzungsverhalten der Stute blockiert und das Fluchtverhalten freigegeben wird oder umgekehrt. Das bedeutet, daß solche Stuten auch bei Hochrosse nicht „stehen". Schwierigkeiten gibt es auch, wenn die Brunststarre bei bestimmten Stuten nicht beim Aufsprung des Hengstes eintritt, sondern erst, wenn dessen Penis den Scheideneingang passiert hat.

Stuten, die nicht rossen, wehren den Hengst durch Schlagen und Beißen ab. Das kann aber auch bei Erstlingsstuten und bei Fohlenstuten, die ihr Fohlen vermissen, aus Unsicherheit geschehen. Rosse kann auch mit äußerlich kaum erkennbaren Merkmalen als „Stille Rosse" auftreten.

Vor der ersten Bedeckung ist unbedingt die volle Zuchtreife abzuwarten. Zu frühe Bedeckungen führen nicht nur zu Wachstumsschäden bei der Stute und möglichen Fehlentwicklungen ihres Fohlen, sondern auch dazu, daß die noch nicht ausgereiften Tiere zeitlebens eine mangelnde Paarungsbereitschaft aufweisen; sie wurden zu einem Zeitpunkt gedeckt, zu welchem sie die Sexualfunktionen - sensible und sensomotorische - noch nicht entfalten konnten, weil sie zu jung waren.

Das Deckverhalten des Hengstes ist selektiv. Bestimmte Stuten werden bevorzugt oder abgelehnt. Gründe sind unter anderem eine bestimmte Farbe und an sie gebundener spezifischer Geruch, individueller Geruch der Partnerin oder auch Vorbehandlung der Stute mit Mitteln, die dem Hengst unbekannt sind und die er ablehnt. Er stellt keine Ansprüche an die einzelnen Körperformen der Stute; also nicht: „Du bist so schön", sondern: „Du riechst so gut!".

Die sexuelle Erregung des Hengstes ist - im Gegensatz zu derjenigen der Stute - durch äußere Einflüsse leicht hemmbar, überspielt jedoch andere Lebensäußerungen und Verhaltensweisen meist total, wie beispielsweise die Vorsicht, aber auch die durch den Menschen erfolgte Erziehung. Unter dem Eindruck ein und derselben Geschlechtspartnerin stumpfen Interesse und Erregbarkeit schnell ab, deshalb sind monogame Tendenzen - auch bei Pferden - ganz selten.

Die Paarung dauert einschließlich Stoßbewegung, Orgasmus und Ejakulation etwa eine Minute. Der Aufsprung des Hengstes erfolgt unmittelbar hinter der Stute und kann sehr heftig sein. Er umfaßt die Stute meist möglichst weit vorn zwischen Schultern und Rippenwölbung. Eventuell beißt er zum Festhalten und während des Orgasmus in den Mähnenkamm oder auch Widerrist (ist eine vorhersehbare Gewohnheit), stützt jedoch häufiger Kopf oder auch nur das Maul auf die meist linke Schulter der Stute. Deren oben genannte Bewegungshemmung kann sich bei starkem Paarungstrieb in ein Stemmen gegen den aufspringenden

Hengst umwandeln. Die damit verbundene Senkung der Kruppe bietet ihm eine besonders gute Deckposition. Das gilt auch für das langsame Vorziehen der Stute; wenn sie sich selbst überlassen ist, krümmt sie den Rücken und senkt den Kopf tief. Der Hengst wird dadurch zu besonderer Aktivität und kräftigem Nachstoßen veranlaßt.

Während des Sprungs zeigen besonders Erstlings- und junge Stuten die typische Unterlegenheitsgebärde - die Ohrmuscheln sind seitwärts gestellt, die Muschelöffnung nach unten gekehrt, das Maul leicht geöffnet bzw. mit mahlenden Kaubewegungen (= Orgasmus?).

Nach der Paarung sind Stute und Hengst, wenn sie „dürfen", meist noch eine Zeitlang beieinander. Dabei kann es noch zu einem Nachspiel kommen, das je nach Aktivität der Partner und der bestehenden Erholungszeit (= Refraktärzeit) des Hengstes wieder in ein Paarungsvorspiel übergehen kann.

5. 7 Körperausscheidungen

Auch an die Körperausscheidungen des Hauspferdes sind bestimmte Signalfunktionen gekuppelt, die typische Verhaltensweisen auslösen. Diese dienen dazu, Harn und Kot vom eigenen Körper fernzuhalten; Lager und Futterstelle sollen also sauber bleiben.

Kot wird auf der Weide vorwiegend dort abgesetzt, wo sich kein oder nur geringwertiges Futter, zum Beispiel Obergras, befindet. Das führt zu den „Geilstellen", die das Pferd geruchsbedingt so lange meidet, bis der Kot völlig humifiziert und damit auch dessen Geruch verschwunden ist. Dieses angeborene „Hygieneverhalten" des Pferdes ist bei der Stallhaltung zu berücksichtigen, um sein Wohlbefinden zu sichern, besonders aber auch zur Vermeidung von Parasitenbefall und Fäulnis. Deren Erreger schädigen Tier und Mensch durch Bildung von spezifischen Gasen, Ammoniak, Schwefelwasserstoff und Kohlendioxyd. Diese Stoffe sind auch noch Lockstoffe für bestimmte Insekten und unterstützen zum Beispiel die Massenvermehrung der pferdequälenden Großen Stubenfliege und des Wadenstechers. Mit Fäulnisgasen belastete Stalluft greift die Atmungsorgane an; besonders auf die großen „Luftverbraucher" wie Reit- und Rennpferde wirkt sie sich schwer und dauerhaft schädigend aus. Ruhe und Schlaf werden gestört, da vor allem die bodennahen Schichten die höchste Konzentration der Schadgase aufweisen, die ja schwerer als Luft sind. Sie geben den Geruch der eigenen (= arteigenen) Ausscheidungen am stärksten ab; vor diesem „ekeln" sich die Pferde am meisten und versuchen, ihn zu meiden. Deshalb ist im Stall auf das Frisch- und Sauberhalten der Einstreu und eine regelmäßige Entlüftung zu achten. Letztere kommt häufig zu kurz, weil es dem Pfleger angeblich zu kalt ist; dabei werden nicht nur die lebenserhaltenden Interessen des Pferdes mißachtet, sondern auch die eigene Anfälligkeit gegenüber belastetem Stallklima.

Zum Urinieren sucht das Pferd ebenfalls eine bestimmte Stelle auf; prüfendes Wittern, Scharren, Einnehmen der Streck-Spreiz-Stellung mit Anheben des Schweifes, die charakteristische Stellung der Ohrmuscheln gehören unter anderem dazu. Mit dem Absetzen des Urins erfolgt eine Information vor allem über Ort, Zeit, Mutter-Kind- oder Sexualpartner-Beziehungen. Durch Hormonbeigaben wird als besondere Signalfunktion der eigene Sexualstatus übermittelt.

Ähnliches gilt auch für das Koten. Durch die schon genannte lange Lagerfähigkeit von Fäkalien wird neben dem Geruchseffekt auch eine bestimmte optische Komponente wirksam, wenn auch nur nebensächlich. Auch hier sind Signalfunktionen wirksam, die durch Nasenkontrolle Auskunft über die Situation des Sexualpartners geben. Der Hengst nimmt beispielsweise die Kotkontrolle bei einer Stute vor, überschreitet dann die Kotstelle und markiert mit dem eigenen Kot.

Wie unter anderem auch beim Menschen fördern Lust- und Angstgefühl beim Pferd vegetativ Harnen und Misten, so beim Mustern auf der Dreiecksbahn und im Stand, beim Einreiten zur Dressur- oder Springprüfung, beim „Halten und Grüßen" (Ursachen sind Spannung, Nervosität, Furcht usw.). Das Verbinden der Augen führt über denselben psychosomatischen Weg zur Erhöhung der Darmtätigkeit, kann also zum Beispiel eine Verstopfungskolik auflösen, was erfahrene Pferdezüchter schon seit langem wissen. Frische Einstreu löst die Urinabgabe aus - man erinnere sich an die diesbezügliche Lust des Babys an der frischen Windel und deren Folgen!

5. 8 Regelmäßige Wiederkehr bestimmter Verhaltensweisen

Bestimmte Verhaltensweisen treten bei allen Tierarten täglich regelmäßig auf und lassen sich in einen 24-Stunden-Rhythmus einordnen. Sie sind tierartspezifisch.

Man unterscheidet innerhalb der Tierart, also auch beim Pferd, zwischen:

- artspezifischem Rhythmusverlauf, der typisch normal ist,
- artspezifischem Rhythmusverlauf bei nicht normalem Zustand des Tieres, zum Beispiel infolge verändertem Hormonspiegel in der Brunst- oder Laktationszeit,
- atypischem Rhythmusverlauf infolge negativer Streßeinwirkung, gekennzeichnet durch verlagerte Periodik und veränderte Phasendauer.

Das Pferd reagiert auf Nervenbelastungen und diesbezügliche Statusveränderungen unterschiedlich, aber allgemein sehr empfindlich. Reizzustände führen deshalb meist zur Verschiebung der typisch normalen Verhaltensweise. Diese Streßanfälligkeit ist individuell, alters- und rangfolgeabhängig und sicher auch durch Training bedingt beeinflußbar, wobei auch die Zugehörigkeit zu einer bestimmten Rasse noch eine Rolle spielt. Besonders die Periodik der Nahrungsaufnahme und des Schlafens ist störanfällig.

Das typische Hauptmaximum der Nahrungsaufnahme liegt normalerweise etwa zwei Stunden vor Sonnenuntergang bei einer Gesamtaktivität von etwa 12 Stunden. Die Nebenmaxima sind individuell verschieden und trainierbar, konzentrieren sich aber auf die Zeit zwischen etwa fünf und neun Uhr. Streßeinwirkungen können diese Periodik völlig aufheben und sind negativ zu bewerten. Bei aus betrieblichen Gründen notwendigen zeitlichen Verschiebungen, zum Beispiel Arbeitszeitumstellungen, ist deshalb eine Gewöhnung von meist mehr als drei Wochen notwendig.

Das typische Hauptmaximum für Ruhe und Schlaf liegt etwa vier Stunden vor Sonnenaufgang. Die Schlafperiodik des Einzeltieres ist gruppenabhängig, da sich hier, wie etwa bei der Nahrungsaufnahme, die Stimmungsübertragung entscheidend auswirkt; sie richtet sich zudem wahrscheinlich nach dem ranghöchsten Pferd. Es gibt individuelle, kleine Nebenmaxima, die sich über die Tagesstunden zwischen acht und zwanzig Uhr verteilen, aber wenig Bedeutung haben. Bei der praktischen Beurteilung der jeweiligen Situation darf hier Ruhen nicht mit Schlafen verwechselt werden.

Negativer Streß führt zu einem atypischen Verlauf der Schlafphasen, verkürzt das Hauptmaximum und kann bei Wiederholung(en) eine Störung sämtlicher Körperfunktionen zur Folge haben, wie es ja auch zum Beispiel beim Menschen der Fall ist. Zu den Ursachen gehören zeitliche Eingriffe in die Stallordnung, ständige Beunruhigung der Pferde im Stall oder auf der Weide, das Nichteinhalten von Trainings- und anderen Arbeitszeiten. Bei Vorhaben wie Transporten, Mehrtageswanderungen, Wettkampfteilnahmen usw. ist der gewohnte Schlafrhythmus der Tiere weitgehend zu berücksichtigen, wenn man sie bei Gesundheit und damit voller Leistungsfähigkeit erhalten will. Von Bedeutung ist auch hier, daß die Anwesenheit des ranghöchsten Pferdes streßmindernd auf die übrigen Gruppenmitglieder zu wirken scheint. Daß auch der Mensch diese Rolle einnehmen kann, wurde bereits im Abschnitt 5.3 „Verhaltensprogramme beim Pferd" erläutert.

6. HALTUNG UND PFLEGE
(siehe auch Abschnitt 5 „Verhaltensweisen")

Die Beachtung artgerechter Tierhaltung ist Bestandteil aller Pflegemaßnahmen am Pferd. Hierzu gehören neben Stallbau, Weide- und Auslaufanlagen auch die Stall- und Weidehygiene. Die dazu notwendigen Kenntnisse werden in geeigneten Lehrbüchern vermittelt. In diesem Anleitungsbuch kann nur auf einige Vorbeugungs- und Hygienemaßnahmen hingewiesen werden, die der Züchter selbst durchführen kann und sollte:

- unbedingt tägliche Gesundheitskontrolle durchführen. Abweichung von den Normalwerten beobachten und eventuelle Maßnahmen mit dem Tierarzt beraten;
- Stalleinrichtungen je nach Besatzdichte im jährlichen bis mehrjährigen Abstand zu desinfizieren;
- geeignete Wasserversorgung auf der Weide sichern;
- Weideunterstände (Sonnen- und Windschutz) laufend auf ihre Funktionsfähigkeit und Unfallschutz hin (Kotbeseitigung, herausstehende Nägel oder Holzteile, angefressene Dächer oder Bäume usw.) zu untersuchen;
- Prophylaxe bzw. Therapie für Parasitenbefall einschließlich der Wurmkuren realisieren. Dazu den Tierarzt konsultieren und *nur nach seinem Rat* die medikamentöse Behandlung durchführen;
- während der geschätzten Geburtstermine die Stuten nach den üblichen Anzeichen kontrollieren; Möglichkeiten gibt es durch elektronische Überwachung und durch regelmäßige Stalldurchgänge. Etwa 65% der Abfohlungen finden zwischen 18 und 6 Uhr statt. Immer die Bereitschaft des Tierarztes klären; falls es ausnahmsweise Geburtsschwierigkeiten geben sollte, geht es um Minuten - und darin liegt das Risiko!

Es ist notwendig, in Pferdebetrieben, die zeitweise oder ständig von dritten Personen betreut werden, eine *Stallordnung* festzulegen, die beispielsweise Fütterungs-, Weide- und Trainingszeiten sowie Maßnahmen zur Unfallverhütung und zum vorbeugenden Brandschutz enthält (Striktes Rauchverbot beachten, Stallgänge und -türen/-tore nicht verstellen, ordnungsgemäße Einlagerung von Heu und Stroh kontrollieren, Hauptschalter für den Stall und andere Wirtschaftsgebäude außen anbringen lassen und ausschalten, wenn dort kein Strom gebraucht wird, Verfallsdaten und Verwendbarkeit der Feuerlöscheinrichtungen beachten,

Löschwasser und -sand bereitstellen, wachen bei nahen und schweren Gewittern, Zufahrten für Löschfahrzeuge stets freihalten, Schlüssel übersichtlich aufbewahren bzw. kennzeichnen, Telefonnummern auch der örtlichen Hilfsdienste notieren usw.). Zur Haltung von Pferden gehört immer eine klare Vorstellung über das Verhalten des Züchters und seines Personals bei eventuellen Katastrophen. Dazu ist die Erarbeitung eines *Alarm- und Evakuierungsplanes* (Stall, Lagerräume, Reithalle, Gehöft usw.) erforderlich, der sowohl im Stall als auch in den Aufenthaltsräumen auszuhängen hat sowie regelmäßig aktualisiert und auch trainiert werden sollte (Standort und Bedienung von Feuerlöscheinrichtungen, Zugang zu den Energiehauptleitungen (Absperrschieber für Gas, Hauptschalter für Elektroenergie usw.). Er muß fester Bestandteil der Stallordnung sein, auf den regelmäßig besonders hingewiesen werden sollte. Je rascher und überlegter im Katastrophenfall gehandelt werden kann, desto geringer ist der zu erwartende Schaden. Vor allem ist daran zu denken, daß die Pferde im Ernstfall schnell aufgetrenst oder wenigstens aufgehalftert werden müssen, sich also das Zaumzeug in greifbarer Nähe, am besten an der Boxentür, befindet. Es muß weiterhin genau geklärt sein, wohin die Pferde aus dem Stall verbracht werden und *welche Personen sie am Zufluchtsort bewachen.* Aufgrund ihrer angeborenen Verhaltensweise (siehe Abschnitt 5) ist stets davon auszugehen, daß sehr beunruhigte Pferde meist versuchen, um jeden Preis ihre Heimat, also ihren Stall, zu erreichen, in welchem sie ihre Gruppenangehörigen fanden, ihr Futter bekamen und immer sicher waren. Sie laufen also zum Beispiel in den brennenden Stall zurück, wenn man sie nicht konsequent daran hindert (möglichst weit wegbringen, Scheunentore, Stalltüren, Ausläufe, Koppelumzäunungen, Koppeltore usw. absperren!).

Grundwerte und Haltungsanforderungen beim Pferd
(unter Verwendung der *FN-Richtlinie* (21))

Körperwerte des gesunden Pferdes in Ruhe (auch PAT-Werte genannt):
Achtung: Sie sind von Leistung, Erregung, Gesundheitszustand, Klimafaktoren usw. abhängig!

Herz:	28 bis 40 Schläge pro Minute im Ruhezustand;
	Fohlen um 50 bis 80, je älter, desto weniger;
	Kaltblutpferde oft etwas mehr als Warmblut- und Vollblutpferde.

Lunge:	8 bis 16 Atemzüge pro Minute im Ruhezustand;
	Fohlen 24 bis 30, je älter, desto weniger;
	beeinflußbar durch Luftqualität und Außentemperatur.
Temperatur:	Körpertemperatur im Ruhezustand rektal 37,5 bis 38,0°C;
	Fohlen 37,5 bis 38,5, je jünger, desto geringfügig mehr.

Ansprüche des gesunden Pferdes an das Stallklima:

Temperatur:	soll der Außentemperatur folgen, optimal 8 bis 15°C;
Luftfeuchte:	60 bis 80 %
	feuchte und zugleich warme Luft ist ungünstig
Luftraum:	Pferde um 165 cm Widerristhöhe: 28 bis 40 m³,
	Pferde bis 148 cm Widerristhöhe: 20 bis 27 m³,
	Pferde bis 120 cm Widerristhöhe: 15 bis 20 m³;

Gute Belüftung: Luftgeschwindigkeit mindestens 0,1m /sek im Tierbereich

Einschränken der Schadgasproduktion; zu viel Eiweiß im Futter führt zu überhöhter Stickstoffproduktion (Ammoniak)!

Staubbildung einschränken; Aufschütteln von Stroh und Heu außerhalb des Stalles,

Stallflächen vor dem Fegen leicht anfeuchten!

| Tageslicht: | mehr als 1 m² freie Fensterfläche pro Pferd. |

Anforderungen des Arabers an die Stallgrundfläche:

Einraum-Laufstall:	Fohlen	etwa 4 bis 5 m²
	Jährlinge	etwa 6 bis 7 m²
	Zweijährige	etwa 8 bis 9 m²
	Dreijährige und	
	ältere Pferd	etwa 10 bis 11 m²
Gruppenauslauf:	Liegefläche	= etwa 7 bis 8 m²/Tier
	Auslauf	= etwa 18 bis 20 m²/Tier
	Freßstände	= etwa 2,80 m lang/
		etwa 0,80 cm breit

Boxenhaltung normal:	Fläche	= etwa 9 bis 11 m²/Tier
	Schmale Seite	= wenigstens ca. 2,20 bis 2,40 m
Boxen für Stuten mit Fohlen bei Fuß oder für Hengste:	Fläche	= etwa 12 bis 16 m²/Tier
Anbindestand:	Breite (Stand geschlossen)	= Widerristhöhe (Stm) plus 20 cm
	Breite (Flankierbaumtrennung)	= Widerristhöhe (Stm)
	Länge	= 2 x Widerristhöhe (Stm)

Ziel der *Pferdepflege* ist es, die infolge der Stallhaltung und Nutzung eingetretenen Abweichungen von der natürlichen Lebensweise des Pferdes möglichst gut auszugleichen. Haltungsschäden, Abfall oder Schwankungen der Leistung, frühzeitiges Ausscheiden, parasitäre und infektiöse Erkrankungen sowie vor allem auch Störungen der Verhaltensweisen werden dadurch eingeschränkt oder ganz vermieden.

Die Pflege des Pferdes ist eng mit seiner Erziehung verbunden. Gute Kenntnisse seiner Verhaltensweisen, ruhiges und geduldiges Arbeiten sowie eine möglichst zeitig einsetzende gründliche Körperpflege erleichtern die Gewöhnung des Einzeltieres an die verschiedenen Pflegehandlungen, zum Beispiel Putzen, Hufreinigung und Hufbeschlag, aber auch an die veterinärmedizinischen Maßnahmen zur Vorbeuge oder Heilung von Verletzungen und Krankheiten. Eine frühe Anpassung ermöglicht eine effektive Pflege, erleichtert ganz wesentlich die spätere Reit- und Fahrausbildung und schränkt Unfälle beim Umgang mit dem Pferd ein. Sehr vorsichtige (= ängstliche), empfindliche und nervöse Tiere sollten nur von erfahrenen Fachleuten betreut und müssen insgesamt besonders aufmerksam behandelt werden.

Während der Fütterung sind alle Pflegemaßnahmen am Pferd einzustellen; die Pferde werden sonst zu hastigem Fressen veranlaßt, verstreuen Futterstoffe, nehmen zusätzlich Schmutzteile auf und machen es zudem dem Pfleger unmöglich, seine Arbeit gründlich durchzuführen. Hinzu kommt noch ein erhöhtes

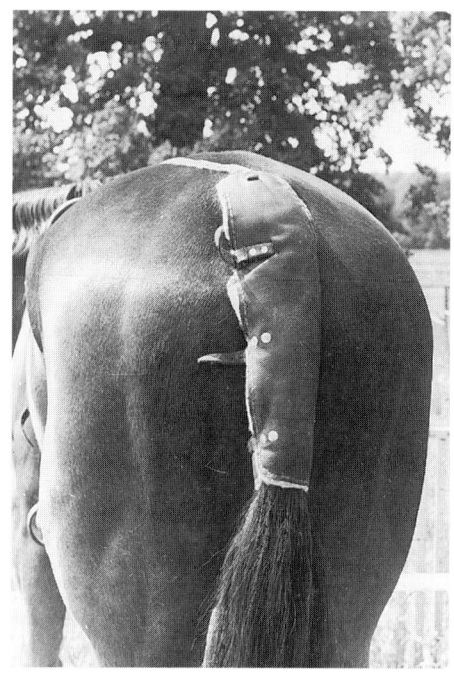

Bei allen Transporten sind die Pferde gut einzupacken, damit sie sich nicht scheuern oder verletzen können. Foto: Zierow/J. E. Flade 1987

Unfallrisiko: Der schon beschriebene, für Pferde kennzeichnende starke Freß-trieb führt zu ausgeprägtem Futterneid, mangelnder Konzentration auf die Pflegemaßnahmen und zu einer Fehlreaktion auf die damit verbundenen Körperkontakte.

6. 1 Körperpflege

Neben Unterbringung und Ernährung spielt die Körperpflege für Wohlbefinden und beständiges Leistungsniveau des Pferdes sowie für Aufbau und Erhalt positiver Beziehungen zwischen Mensch und Tier eine ausschlaggebende Rolle.
Die Haut ist für den Pferdekörper nicht nur ein Schutzorgan gegen Stöße, Verletzungen, Infektionen durch Bakterien und Pilze sowie gegen tierische Parasiten, sondern sie dient wesentlich auch der Regulierung von lebenserhaltenden Stoffwechselvorgängen. Über die Haut erfolgen wesentliche physiologische Wechselbeziehungen zwischen Tier und Umwelt. Deshalb ist ihrer Gesunderhaltung durch sachgemäße Pflege und schonenden Umgang eine Schlüsselbedeutung beizumessen.

Die Haut des Wildpferdes oder auch frei lebender Hauspferde wird durch die vorhandene Staubschicht zusätzlich geschützt. Diese Pferde reinigen sich deshalb nur bedingt, durch Wasser, aber auch durch Scheuern, Reiben, gegenseitiges Beknabbern (= soziale Hautpflege) oder auch durch Wälzen. Infolge der meist überwiegenden Haltung im Stall kann das Pferd von diesen natürlichen Möglichkeiten der Reinigung kaum Gebrauch machen. Außerdem wird seine Haut vor allem bei der Verwendung unter dem Sattel und im Geschirr weit über das natürliche Maß hinaus mechanisch und physiologisch - höhere Belastung des Gesamtstoffwechsels, dadurch umfangreichere Regulationsforderungen an die Haut - beansprucht. Hauspferde sind also auch diesbezüglich voll auf die Unterstützung des Menschen angewiesen. Das gilt besonders für diejenigen unter ihnen, die nur wenige Stunden des Tages im Freien sind.

Die Haut ist ein verflochtenes System von Fasern, Drüsen, Blutgefäßen, Nerven und Muskeln. Jeder Schaden innerhalb dieses Systems führt zwangsläufig zur Störung seiner Funktionsfähigkeit und damit zur Beeinträchtigung des gesamten Stoffwechselgeschehens. Besonders bei Vollblütern, auch bei allen arabischen Rassen und Warmblutpferden ist die Oberhaut besonders fein und dünn ausgebildet, daher sehr empfindlich gegenüber Berührung und Druck; das ist bei allen Pflegemaßnahmen ebenso wie bei Zäumung, Sattelung und Schirrung zu beachten, damit die Pferde nicht zu Abwehrhandlungen erzogen werden.

Die Körperpflege ist regelmäßig durchzuführen, in der Regel am Morgen. Anzustreben ist, das Putzen im Freien vorzunehmen, um die Stalluft nicht noch durch den anfallenden Staub zu belasten. Kommen Pferde verschmutzt, schwitzend und durchnäßt von einem Einsatz zurück, muß der Pflegevorgang entsprechend angepaßt wiederholt werden. Wichtiger Bestandteil ist immer die Säuberung der Trittflächen der Hufe.

Werden Pferde ausschließlich an den Nachmittagen und Abenden genutzt, kann man das Putzen als Hauptreinigung auf den Abend verschieben, damit sich die Tiere während der Nacht, also in der vorgegebenen biologischen Hauptruheperiode, sauber und frei von angetrocknetem, also juckendem, Arbeitsschweiß in ihrer Boxe aufhalten können. Die sonst übliche Morgenpflege beschränkt sich dann noch auf ein einfaches Putzen und Fellglätten einschließlich des Durchbürstens des Langhaares sowie Auswischens von Augen, Nüstern, Maul, After und Geschlechtsteilen.

Immer ist zu beachten, daß nur vollkommen abgetrocknete Pferde geputzt werden können. Gewaschene Tiere sind also trockenzureiben und danach ist solange zu warten, bis mit dem Putzen begonnen werden kann. Die dafür notwendige Zeit kann man durch andere Maßnahmen im Stall, beispielsweise Kraftfuttergabe oder Sattel- und Geschirrpflege sinnvoll nutzen.

Je schneller das Pferd gründlich gereinigt wird, desto besser ist es. Jede Verlängerung des Putzens reizt die Haut mehr, führt zu intensiverer Hauttätigkeit durch größere Aktivität mit der sich daraus auf die Dauer ergebenden verstärkten Schuppenbildung. Außerdem wird das Tier in einem vermeidbaren Spannungszustand gehalten, der es beunruhigt und sein Nervensystem belastet.

Ein Pferd ist dann gereinigt, wenn man an den Haarwurzeln keine Schuppen mehr feststellt, wenn am Finger, mit dem man gegen den Fellstrich fährt, kein Schmutz haften bleibt oder beim Streichen gegen den Haarstrich dunkler Pferde keine staubigen Streifen auf dem Fell sichtbar werden.

Für das Putzen sind zu verwenden: eine Kardätsche (französisch: card = Wollkratze), ein ovaler Stahl- oder Gummistriegel zum Abstreichen der Kardätsche, eine Reis- oder Wurzelbürste zum Reinigen von Mähne und Schweif sowie schmutzverkrusteter Fellbereiche und der Fesseln und Hufe. Dazu gehören weiterhin ein feuchter Strohwisch zum Trockenreiben des Felles, ein feuchter Schwamm zum Säubern von Augen, Nüstern und Maul, ein weiterer für das Reinigen von Geschlechtsteilen und After. Ein saugfähiges Tuch zum Trocknen der Fesseln ist zweckmäßig, ein rauhes Leinentuch zum Glattziehen des Felles notwendig. Für die noch zu besprechende Hufpflege sind der stumpfe Hufräumer sowie Huffett und Pinsel zu benutzen.

Bevor der Pfleger den Stand oder die Boxe betritt, ruft er das Pferd an, damit es nicht erschrickt und sich wehrt.

Mit dem Putzen wird in der Regel auf der linken Seite begonnen: Dabei werden die Kardätsche in die linke und der Striegel in die rechte Hand genommen. Das Säubern der rechten Körperseite erfolgt mit umgekehrter Handhabung. Geputzt wird grundsätzlich mit dem Haarstrich, am Hals beginnend nach hinten. Weit ausholende Armbewegungen sind notwendig, wobei die Kardätsche mit einem der individuellen Empfindlichkeit des Pferdes angepaßtem Druck ruhig und gleichmäßig über das Fell geführt wird. An den Körperstellen, an denen die Knochen nur durch geringe Muskelauflagen gedeckt sind, ist dieser Druck zu mildern. Bei tiefsitzenden und starken Verschmutzungen oder Verkrustungen

Als Hengst auf der Bühne: Nerven wie die Drahtseile als Folge bester Herkunft und vorbildlicher Erziehung. Masoud *1981/Lütetsburg, zum Asil-Cup-Galaabend Mannheim 1990 mit C. Tauschke.

lockert man Staubkruste und Fell mit der Wurzelbürste auf. Wenn es sich durchführen läßt, werden stark verschmutzte Tiere vor dem Putzvorgang gewaschen, zum Beispiel durch Abspritzen oder Schwemmen, danach jedoch zunächst mit einem Stroh- oder Heuwisch trockengerieben (= zugleich Massagewirkung). Auf den Striegel ist zu verzichten.

Der sehr empfindliche Kopf des Pferdes wird vorsichtig mit Kardätsche und Lappen gereinigt; Augen, Nüstern und Maul werden mit einem Schwamm oder Lappen ausgewischt, After und Geschlechtsteile sowie die untere Fläche der Schweifrübe sind mit einem anderen Schwamm vorsichtig zu säubern; gegebenenfalls ist zur Unfallverhütung durch einen zweiten Pfleger ein Vorderbein aufzuheben. Mähnen- und Schweifhaar sowie Stirnlocke werden mit den Fingern „verteilt" und danach ausgebürstet. Die am Haaransatz haftenden Schuppen und Schmutzteile können mit Kardätsche und Wurzelbürste entfernt werden. Zum Lichten (= „Verziehen") zu dichter oder zum Kürzen und Begradigen zu langer Mähnen- oder Schweifhaare werden die zu entfernenden Haare um einen Finger gewickelt und langsam ausgezogen, nicht ruckartig herausgerissen. Abstehende

149

Mähnen können feucht ausgebürstet und eingeflochten werden. Auf keinen Fall sind Mähne oder Stirnschopf zu scheren.

Sattel- und Geschirrlage werden mit Wasser behandelt und können zum vollständigen Lösen des Schmutzes und Schweißes mit Seifenwasser gewaschen werden. Nach deren Anwendung ist stets gründlich nachzuspülen, um Hautentzündung durch Seifenreste zu vermeiden.

Nach der Arbeit ist es nötig, die stark beanspruchten Teile der Extremitäten zu säubern und anschließend bei sehr empfindlichen Pferden mit einem Tuch zu massieren. Große Anstrengungen, vor allem Gelände- und Distanzritte, schwere Springparcours, intensives Training usw. verlangen, daß die Beine mit Fluid eingerieben und eventuell bandagiert werden. Die Bandagen sind aber nach einigen Ruhestunden wieder abzunehmen, um Stauungen zu vermeiden (Nachkontrollieren!). Das tägliche Abspritzen mit dem Wasserschlauch - von unten nach oben und allmählich! - nach getaner Arbeit hat sich sehr bewährt. Es dient nicht nur der Säuberung, sondern erfrischt das Pferd und führt zur Stabilisierung der Haut, der Sehnen und des allgemeinen Gesundheitszustandes. Es ist dabei darauf zu achten, daß Augen, Ohrmuscheln und Nüstern nicht vom Wasserstrahl getroffen werden, ebenso nicht Euter, Schlauch und Hoden.

Auch das Reiten oder Führen in eine Schwemme (Teich, See, Bach, Fluß oder künstlich angelegte Schwemme) ist sehr vorteilhaft und kann auch Bestandteil von Dauerleistungen sein. Es ist jedoch auch im Interesse des Menschen zu prüfen, ob der Untergrund frei von Unrat, Scherben, Drahtringen, verdeckten Pfählen usw. ist; bei Flußläufen und Seen ist zudem unbedingt vorher eine Information über Tiefe, Strömungs- und Bodenverhältnisse einzuholen, um die ansonsten möglichen und meist sehr schweren Unfälle zu vermeiden. Stark erhitzte Pferde - sowie Pfleger und Reiter - müssen erst genügend abkühlen, ehe sie die Schwemme betreten. Das kann durch vorheriges Schrittreiten (= „Trockenreiten") geschehen. Die Schwemm- oder Badezeit soll bei Temperaturen um oder unter 15°C nicht länger als fünf bis zehn Minuten betragen; so können sich Menschen und Tiere nicht erkälten. An gründliches Trockenreiben ist zu denken.

Nach größeren Anstrengungen und bei hohen Außentemperaturen kommt es oft zum Nachschwitzen; dann sind die Pferde zur Beruhigung ausreichend zu führen und anschließend trockenzureiben.

Schnelles Schwitzen infolge zu dichten und zu langen Haarwuchses oder auch Befall durch Parasiten können das Scheren des Pferdefelles notwendig machen.

Man sollte das aber vornehmen, bevor das Winterfell vollständig gewachsen ist, weil sonst nach der Schur kein Haarwachstum mehr erfolgt, also die Pferde zu kahl bleiben und sich leicht erkälten. Das Rasieren der Tasthaare ist eine grobe Verletzung der Sorgfaltspflicht gegenüber dem Tier und steht unter Strafe.

Zur täglichen Pferdepflege gehören die Durchsicht der Hufe auf Fremdkörper oder Verletzungen sowie ihre Säuberung. Die Strahlfurche ist mit dem Hufräumer von Schmutz, Sand und kleinen Steinen zu befreien, danach mit einer nassen Wurzelbürste gründlich zu bearbeiten. Schon kleinste Druckstellen (eingetretene Steine, Holz- oder Metallteile) können zu langfristigen Ausfällen führen. Nur bei wirklichem Bedarf sind die Hufe zu waschen, dann mit Wasser und Seife. Zu häufiges Waschen, ebenso wie der Einsatz der Pferde auf nassem Boden oder ihre Einstellung auf nasser Streu machen die Hufe spröde und brüchig. Die beim Waschen der Beine und Hufe durchnäßten Fesselbeugen sind sehr sorgfältig zu trocknen, um die dort leicht auftretenden Hauterkrankungen mit ihren schwerwiegenden Folgen zu vermeiden. Das Einfetten der Hufe darf nur nach völligem Abtrocknen erfolgen; so vermeidet man eventuell unerwünschte Konservierung von zu viel äußerer Feuchtigkeit und damit Schäden am Hufkörper.

6.2 Hufpflege

Folgende Gesichtspunkte sind für die eigentliche Hufpflege beim Pferd und für eventuelle Hufkorrekturen zu beachten:

- Anregung des Hornwachstums und Verbesserung der Beschaffenheit des Hufhornes,
- Erhaltung und Förderung einer, der Beinstellung des Pferdes entsprechenden, Hufform,
- Erhaltung der Festigkeit des Hufhornes,

Das Anregen des Hornwachstums und eine Verbesserung seiner Beschaffenheit erfolgen vor allem durch Barfußgehen auf weichem Boden. Die daraus folgende Aktivierung des Hufmechanismus führt zur Verstärkung des Hufwachstums und optimiert die Qualität des Hufhornes. So wächst die Hornwand barfußgehender Pferde etwa um ein Viertel schneller als die beschlagener Tiere. Zur Erhaltung einer funktionsgerechten Hufform, die zugleich der Beinstellung des Pferdes entspricht, ist zu berücksichtigen, daß sich diese Pferde die Hufe meist unregelmäßig ablaufen, vor allem während der Belastung. Bei Arbeits- und Freizeitpferden wird vorwiegend die Hufzehe beansprucht, so daß die Trachten zu hoch werden. Bei richtig gearbeiteten Dressur- und Springpferden erfolgt eine stärkere Belastung der Trachten (speziell in der Landephase des Sprunges wirken die Trachten als Stoßdämpfer), die deshalb überwiegend abgenutzt werden.

Bei unkorrekter Beinstellung erfolgt immer ein ungleiches Abschleifen beider Hufhälften, das wiederum negativ auf die bereits vorhandene fehlerhafte Gliedmaßenstellung zurückwirkt. Die Konsequenzen daraus werden oft unterschätzt. Am Huf selbst entstehen dadurch unter anderem im Bereich des Tragrandes scharfe Kanten, die Hornwand bricht aus, oder - das ist noch schlimmer - sie reißt aus. So entstehen die gefürchteten Hornspalten. Zudem legen sich die Schenkel des Hornstrahles über die seitlichen Strahlfurchen und verschließen sie nach und nach, so daß sie nicht gereinigt werden können. Der Hornstrahl wird spröde und rissig, Huferkrankungen, Lahmheiten und schließlich die völlige Unbrauchbarkeit des Pferdes sind die Folgen.

Bei vorwiegender Stallhaltung sollten unbeschlagene erwachsene Pferde alle vier bis sechs Wochen einer Hufberundung unterzogen werden. Bei kombinierter Stall-Weide-Haltung kann dieser Abstand etwas größer sein. Dabei ist vorwiegend der harte Teil des Hornschuhes zu bearbeiten, vor allem der scharfe Tragrand im Zehenbereich. Hornsohle und -strahl sind von abgestorbenen und losgelösten Gewebeteilen zu befreien. Die Strahlfurchen werden durch Beschneiden der Strahlschenkel freigelegt. Es ist jedoch darauf zu achten, daß der Strahl nicht zu stark beschnitten und damit seiner funktionswichtigen Verbindung zur Hornwand in Höhe der Trachten beraubt wird. Beispielsweise zieht sich durch zu tiefes Auswirken der Eckstreben der hintere Teil der Hornwand zusammen, und es entsteht der Zwanghuf, der Leistungsminderung des Pferdes bis zur Untauglichkeit bewirken kann.

Durch die Berundung müssen die natürliche Form des Hufes und seine ebene Trittfläche stets wiederhergestellt werden. Bei Fohlen ist hier besonders auf eine optimale Gliedmaßenstellung zu achten; beim Weidegang nutzen sie zwar die Hufe ständig, aber meist nicht genügend ab. Werden Unregelmäßigkeiten in der Hufabnutzung oder -bildung nicht schnell beseitigt, so erfolgt durch die ungleiche Druckwirkung auf die in der Entwicklung befindlichen, empfindlichen Gelenke ein verschieden intensives Wachstum. Das führt zu fehlerhafter Beinstellung mit zusätzlichen Belastungen für Sehnen und Gelenke. Werden diese Mängel zu spät korrigiert, sind die Bewegungsleistungen des Pferdes entscheidend beeinträchtigt, auch hier bis zur Unbrauchbarkeit.

Zu diesen Stellungsfehlern gehören unter anderem folgende Abweichungen von der optimalen Norm:

- bodenweite oder bodenenge Stellung,
- zehenweite Stellung, häufig mit bodenweiter und X-beiniger Stellung verbunden,
- zehenenge Stellung, oft mit bodenenger und O-beiniger Stellung verbunden,
- steile Fessel mit zu stumpfgewinkeltem Huf (= „Bockhuf"),
- schräge Fessel mit zu stumpfgewinkeltem Huf (= „Bärentatzigkeit"),
- schräge Fessel mit zu spitzgewinkeltem Huf.

Im Abstand von vier bis fünf Wochen ist deshalb bei Fohlen eine Kontrolle der Hufe unbedingt erforderlich.

Die Festigkeit des Hufhornes hängt nicht nur vom Verhornungsgrad und seiner Ausbildung, sondern auch von seiner gesunden Beschaffenheit und vom Feuchtigkeitsgehalt ab. Der röhrige Aufbau des Hufhornes führt dazu, daß es schnell Wasser aufnehmen, aber ebenso rasch wieder abgegeben kann.

Hier gibt es beachtenswerte rassespezifische Eigenschaften: Kaltblüter bilden mehr Zwischenröhrchenhorn, dafür jedoch eine schwächere Rinden- und eine stärkere Markschicht der Hornröhrchen; daraus ergibt sich eine geringere Festigkeit des Hufhornes, das dann zugleich zu größerer Wasseraufnahme neigt. Warmblutpferde haben dichtere Hornröhrchen, also weniger Zwischenröhrchenhorn, demzufolge ein festeres Hufhorn, das gegenüber Feuchtigkeitseinflüssen unempfindlicher ist. Vollblüter, arabische und andere Steppenpferderassen haben diesbezüglich die beste Grundlage, im übrigen bezogen auf die Körpergröße zugleich die kleinsten Hufe im Gegensatz zu den Kaltblutpferden, die große Hufe aufweisen.

Aus vorgenannten Gründen ergibt sich eine der wichtigsten Aufgaben der Hufpflege: Sicherung des optimalen Wassergehaltes des Hufhornes. Andauernde trockene Witterung, heißer Boden und anderes führen zum schnellen Wasserverlust; der Huf wird spröde und reißt. Feuchte Ställe, durchweichte Einstreu, Weiden mit moorigem, ständig nassem Grund und häufiger Einsatz der Pferde auf nassem Gelände führen zu weichem, biegsamem und schließlich brüchigem

Arabisches Vollblutstutfohlen, acht Monate alt. Die Tiefen- und Breitenentwicklung nimmt langsam zu, Charme und Ausdruck der künftigen Zuchtstute sind jedoch schon erkennbar. Hamasa Bint Nafteta *1983/Treis. Foto: H. Reinhard 1984

Hufhorn. Stalljauche übt zusätzlich noch eine stark zersetzende Wirkung aus. Durch sinnvolle Anwendung von Huffett und Holzteer kann ein Feuchtigkeits-optimum erhalten und Fäulnis sowie Zersetzung, vor allem im Bereich des Strahles und der „weißen Linie" vermieden werden. Insgesamt ergibt sich also, Pferde, besonders Fohlen, auf möglichst trockenem, mäßig hartem Boden bzw. auf trockener Einstreu zu halten.

Für den Aufzüchter gilt, notwendige Korrekturen rasch zu erkennen und umge hend durchzuführen oder durchführen zu lassen. Je regelmäßiger und häufiger eine entsprechende fachliche Durchsicht erfolgt, desto geringer sind die fälligen Korrekturen und mögliche Fehlentwicklungen bei den jungen Pferden. Einfache

Arbeiten am Huf, zum Beispiel das Berunden oder kleinere Korrekturen, kann der Pferdehalter vom Hufschmied oder auf einem Lehrgang erlernen.

Das Bearbeiten der Hufe zur Beseitigung von Stellungsanomalien, Lahmheiten oder Krankheitsfolgen sollte ausschließlich vom Hufschmied durchgeführt werden. Gegebenenfalls ist auch der Tierarzt hinzuzuziehen. Damit wird eine der entscheidenden Grundlagen für eine hohe Qualität des Aufzuchtergebnisses geschaffen.

6. 3 Hufbeschlag

Sachgemäßer Hufbeschlag ist eine wesentliche Voraussetzung für die Erhaltung einer hohen und dauerhaften Leistungsfähigkeit des Pferdes. Auf Grund der Wachstumsgeschwindigkeit des Hufhornes ist, abhängig von der Rassezugehörigkeit und Nutzungsart bzw. -intensität des Pferdes, eine Erneuerung des Beschlages im Abstand von vier bis sechs Wochen durch einen Hufschmied erforderlich.

Ziel des Hufbeschlages ist:

- Schutz des Hufhornes vor zu starker und ungleichmäßiger Abnutzung,
- Erhaltung oder Verbesserung der natürlichen Huf- und Beinstellung sowie des Bewegungsablaufes,
- Verhütung oder Behandlung von Huf-, Sehnen- und Gelenkserkrankungen oder deren Folgen.

Für den Hufbeschlag gilt, daß die Hufeisen (sie sind nicht immer aus Eisen) der Form und Größe sowie der Nutzungsrichtung des Pferdes entsprechen müssen. Grundsätzlich sollen sie möglichst leicht sein. Vor dem Beschlag werden sie vom Hufschmied entsprechend bearbeitet. Im Regelfall und traditionell werden sie heiß aufgeschlagen, da so die beste Anpassung möglich ist. Kaltbeschläge lassen keine glatte Auflagefläche zu, so daß durch Schmutz und kleine Steine, die sich zwischen Tragrand, Trachten und Eisen klemmen, Hornbrüche und -risse sowie Druckstellen entstehen können; letztere haben Lahmheiten und Hufentzündungen zur Folge.

Um den Huf passend zu machen, muß das Pferd vorher im Stand und in der Bewegung vorgeführt werden. Auch auf die Art der Abnutzung der getragenen, alten Hufeisen ist zu achten; sie geben wertvolle Hinweise auf eventuelle Besonderheiten. Ebenso ist beim Berunden zu verfahren. Das alte Hufeisen ist nicht abzureißen; die Hufnägel sind mit der Nietklinge vorsichtig zu lockern und danach einzeln herauszuziehen. Nur so können Hornschäden vermieden werden. Der Huf soll möglichst nur mit Hufmesser und -raspel gekürzt werden, ohne daß die Glasur der Hornwand beschädigt wird.

Die Schenkelenden des Hufeisens sollen breit unter den Trachten anliegen, sie nach *außen* um zwei bis drei Millimeter überragen, nach *hinten* jedoch unmittelbar mit dem Trachtenende abschneiden. Die Trachten der Hinterhufe sollten, vor allem bei Springpferden, besser lang gelassen werden, um die Sehnen zu schonen. Sind die Schenkelenden an den Vordereisen zu lang, „greift sich" das Pferd und reißt sich mit den Hinterhufen die Eisen ab; sind sie zu kurz, wird die vorhandene Trittfläche nicht voll ausgenutzt und die Zehe zu sehr belastet. Bei Pferden, die zum Stolpern neigen, ist die Zehe nach oben abzurunden.

Die Nagelung erfolgt mit sechs bis acht Hufnägeln in eineinhalb bis zweieinhalb Zentimeter Höhe über dem Tragrand. Dabei sitzen die vorderen Nägel höher als die hinteren. Breite Aufzüge dienen der Haltbarkeit des Beschlages und der Stabilität der Lage des Hufeisens. Die Eisen der Vorderhufe werden an der Zehenspitze und der mittleren Außenseite damit versehen; zum Schutz gegen die Folgen des „Greifens" sitzen bei den Hintereisen die Aufzüge an der vorderen Innen- und hinteren Außenseite.

Falls es gewünscht wird, werden etwa eineinhalb Zentimeter vom Schenkelende des Hufeisens entfernt paarweise die Stollenlöcher in das Eisen gebohrt. Sie ermöglichen die Verwendung von Schraubstollen als Gleitschutz bei Absprüngen, scharfen Wendungen, sehr glattem Boden (auch bei Glatteis), schwerem Zug und ähnlichem. Ihre Verwendung ist mit großer Sorgfalt vorzunehmen, damit sich die Pferde beispielsweise beim Aufstehen nicht verletzen. Aufgeschmiedete, also feste Stollen gelten außerhalb von Spezialaufgaben landläufig als Ausnahme; im Stall, bei Verladungen, aber auch auf der Weide kommt es häufig zu Selbstverletzungen oder Schäden durch die Nachbarpferde.

7. LITERATURAUSWAHL

1. AMMON, KARL WILHELM, *Nachrichten von der Pferdezucht der Araber und den arabischen Pferden.* 3. Nachdruck der Ausgabe Nürnberg 1834. Hildesheim 1998. (Documenta Hippologica)

2. *Asil Araber I - Arabiens edle Pferde.* Eine Dokumentation herausgegeben. vom Asil Club. Texte in Deutsch, Englisch und Arabisch. Hildesheim 1976. (Documenta Hippologica)

3. *Asil Araber II - Arabiens edle Pferde.* Eine Dokumentation herausgegeben. vom Asil Club. Texte in Deutsch, Englisch und Arabisch. Hildesheim 1980. (Documenta Hippologica)

4. *Asil Araber III - Arabiens edle Pferde.* Eine Dokumentation herausgegeben. vom Asil Club. Texte in Deutsch, Englisch und Arabisch. Hildesheim 1985. (Documenta Hippologica)

5. *Asil Araber IV - Arabiens edle Pferde.* Eine Dokumentation herausgegeben. vom Asil Club. Texte in Deutsch, Englisch. Hildesheim 1993. (Documenta Hippologica)

6. BAKELS, FREDERIK, *Der Asil Araber im Lichte neuer genetischer Erkenntnisse.* Hildesheim 1981.

7. FLADE, JOHANNES E., *Das Araberpferd.* 7. Auflage. Lutherstadt Wittenberg 1990. (Die Neue Brehm-Bücherei Nr. 291)

8. FLADE, JOHANNES E., *„Pferd"*, in: Erhard Porzig und H.H. Sambraus, Nahrungsaufnahmeverhalten landwirtschaftlicher Nutztiere, Berlin 1991. S. 252-289.

9. FLADE, JOHANNES E. - KARLHEINZ GLESS, *Kleinpferde.* 4. überarb. Auflage Berlin 1992.

10. FLADE, JOHANNES E., *Janów Podlaski und die polnische Araberzucht.* Gerlikon 1997.

11. FORBIS, JUDITH, *Das klassische arabische Pferd.* Aus dem Englischen übertragen von Helen Stäubli. Berlin und Hamburg 1980.

12. FUGGER, MARCUS, *Von der Gestüterey.* Faksimiledruck der Ausgabe Frankfurt/Main 1584. Hildesheim 1998. (Documenta Hippologica)

13. HECKER, WALTER, *Bábolna und seine Araber*. Deutsche Bearbeitung: Johannes E. Flade. Gerlikon 1994. (Diese Auflage ist auch in ungarischer Sprache erschienen: A Bábolnai arab ménes. Übersetzung aus dem Deutschen von András Hecker. Gerlikon und Budapest 1996).

14. HORN, VALENTIN, *Das Pferd im alten Orient*. Hildesheim 1994. (Documenta Hippologica)

15. KIRSCH, KARL-HEINZ, *Blut-Adel-Leistung*. 2. Auflage Hildesheim 1998. (Documenta Hippologica)

16. KLIMKE, REINER, *Von der Remonte zum Dressur-Weltmeister*. Ahlerich. Ein exemplarischer Ausbildungsweg. Hildesheim 1995. (Nova Hippologica)

17. KLYNSTRA, FOPPE BONNO, *Wüstenadel*. Ein Bekenntnis zum arabischen Pferd. Aus dem Holländischen übersetzt von Jan Middentrop. Überarb. und vermehrte Ausgabe Hildesheim 1978. (Documenta Hippologica)

18. RASWAN, CARL R. - H. SEYDEL, *Der Araber und sein Pferd*. 3. Nachdruck der Ausgabe Stuttgart 1930. Hildesheim 1998. (Documenta Hippologica)

19. RASWAN, CARL, *The Raswan Index and Handbook for Arabian Breeders*. Vol. I - VII in 2 Bänden. México/ Santa Barbara 1990.

20. RAU, GUSTAV, *Die deutschen Pferdezuchten*. Nachdruck der Ausgabe Stuttgart 1911. Hildesheim 1986. (Documenta Hippologica)

21. *FN-Richtlinien für Reiten und Fahren*. Hrsg. von der Deutschen Reiterlichen Vereinigung e.V. Bd. 4:Haltung, Fütterung, Gesundheit, Zucht. Zahlreiche Illustrationen von Barbara Wolfgramm. 9. Auflage Warendorf 1996 (vgl. auch 6. Auflage Warendorf 1986)

22. ROSSDALE, PETER, *Pferdezucht*. Aus dem Englischen von Jörg Savelsberg. Stuttgart 1994.

23. SAENGER, OTTO, *Arabischer Adel*. Sehen - Erkennen - Werten. 2. ergänzte Auflage Hildesheim 1996. (Documenta Hippologica)

24. SEUNIG, WALDEMAR, *Von der Koppel bis zur Kapriole*. Nachdruck der Ausgabe Berlin 1943. Hildesheim 1996. (Documenta Hippologica)

25. UPPENBORN, WILHELM, *Pferdezucht und Pferdehaltung*. Hildesheim 1999. (Documenta Hippologica)

26. UPTON, PETER, *Das klassische arabische Pferd*. Aus dem Englischen übertragen von Betty Finke. Püttlingen 1994.

8. BILDNACHWEIS

Fotos der Seiten	mit freundlicher Genehmigung von
S. 44	K. Anders
S. 17	Bildreport Wagner
S. 12, 62, 64, 75, 82, 91, 106, 109, 114, 117, 120, 146	J. E. Flade
S. 107	J. Hechfellner
S. 6, 29, 37, 66, 80, 103, 132	U. Kern-Goßmann
S. 21	M. Lisse
S. 19, 46	Chr. Marbach
S. 52	L. Miček
S. 48, 61, 77, 135	T. Miček
S. 58	B. Müller
S. 14, 23, 26, 33, 47, 49, 68, 70	W. G. Olms
S. 16, 31, 47, 65, 93, 136, 154	H. Reinhard
S. 121	G. Seidlitz
S. 38	Thierer
S. 45, 49	C. Toischel

9. SACHWÖRTER